BERND HERTLE

BLÜTEN PRACHT OHNE GIESSEN

Ganzjährig attraktive Beete bei Hitze und Trockenheit

BERND HERTLE

BLÜTEN PRACHT OHNE GIESSEN

Ganzjährig attraktive Beete bei Hitze und Trockenheit

Kiesgärten – attraktiv und zeitgemäß 6

Kiesgärten gestalten 18

Kiesgärten anlegen und pflegen 62

Pflanzen für den Kiesgarten 76

Anhang

Kiesgärten – attraktiv und zeitgemäß

Sie verbinden den Zauber der Mittelmeerflora mit dem Reiz der Steppe: Kiesgärten stehen für modernes und naturnahes Gärtnern.

Lebendige Kiesgärten

Steine und Pflanzen – dieser Kontrast fasziniert Gärtner seit Langem. Im Kiesgarten gehen beide eine Allianz ein – ganz nach dem Vorbild der Natur.

Rechts: *Elegant schlängelt sich dieser Pfad durch den Kiesgarten. Hier kann man im Vorübergehen dem intensiven Duft von Lavendel, Katzenminze und Muskateller-Salbei nachspüren.*

Unten: *Schlicht und harmonisch: Ein Ruheplatz mitten im Kiesgarten wird von Liebesgras (links), Diamantgras (Mitte) und Elfendisteln (hinten) gesäumt.*

Wir bewundern in den Bergen Pflanzen, die unter ärmlichsten Bedingungen, ja nahezu auf blankem Fels wachsen. Auf Reisen in mediterrane Länder sind wir von der Zähigkeit von Pflanzen wie Thymian, Lavendel oder Heiligenkraut begeistert, die in kargem Kalkschotter sommerlicher Hitze trotzen und betörende Düfte verströmen. Auch vielen Pflanzen aus den Steppen Südeuropas und Asiens sowie den Kurzgrasprärien Nordamerikas – wie Schleierkraut und Seidenpflanze – gelingt das Kunststück,

trotz Wassermangel und magerer Böden Jahr für Jahr ihre Pracht zu entfalten. Solche Pflanzengesellschaften aus der Natur sind das Vorbild für moderne Kiesgärten. Dabei ist es nicht nur die Kombination von steinigem Lebensraum und faszinierender Pflanzenvielfalt, die auf Gartenbesitzer und Gestalter einen unwiderstehlichen Reiz ausübt. Vielmehr sind Kiesgärten in einer Zeit, in der im Sommer wegen Wasserknappheit immer öfter Gießverbote ausgesprochen werden, eine ökologisch sinnvolle und zugleich attraktive moderne Lösung für viele Gärten.

Denn anders als im Steingarten, in dem alpine Pflanzen kultiviert werden, die an gute Wasserversorgung gewöhnt sind, kommt die Pflanzenwelt im Kiesgarten mit wenig Wasser und mit wenigen Nährstoffen aus. Ein richtig angelegter und bepflanzter Kiesgarten ist pflegearm, braucht keine zusätzliche Bewässerung und keinen Dünger. Sie sparen Arbeit, Geld und kostbares Wasser. Denn die Hunger- und Durstkünstler überstehen sogar längere sommerliche Trockenperioden unbeschadet.

Kiesgärten sind keine Schottergärten

Doch keine Angst: Kiesgärten sind nicht einfach steinige, spärlich bewachsene Flächen. Das Angebot an Pflanzen, die Trockenheit aushalten, ist heute so reichlich, dass Ihnen ein ganzes Potpourri geeigneter Gehölze, Halbsträucher, Stauden sowie Zwiebel- und Knollenpflanzen zur Verfügung steht (→ Seite 76). Gestalten Sie Ihren Kiesgarten also ganz nach Ihrem eigenen Geschmack: Sie können ihn schlicht und elegant halten mit nur wenigen Arten, oder Sie zaubern mit Pflanzen in unterschiedlichsten Farben, Formen und Texturen Gartenbilder, die an impressionistische Gemälde erinnern.

Links: *In diesem Steingarten dominieren unterschiedlich große Platten. Schön, wenn der Stein sichtbar bleibt und nicht ganz von Pflanzen überwachsen wird.*

Unten: *Ein typischer japanischer Garten: Kunstvoll und mit großer Präzision in den Kies geharkte Wellenmuster erinnern an sanft bewegtes Wasser.*

Steine im Garten machen Geschichte

Die Verwendung von Stein als Gestaltungselement im Garten hat – vor allem in Asien – eine uralte Tradition.
Bereits in chinesischen Gärten, deren Ursprünge weit in die vorchristliche Zeit zurückreichen, hat man versucht, durch eine geschickte Gestaltung die Harmonie von Erde, Himmel, Steinen, Wasser, Gebäuden, Wegen und Pflanzen anzustreben. Hier sind neben Wasser und Pflanzen Steine ein wesentliches Gestaltungsmittel.
Japanische Gärten reduzieren den Maßstab von ganzen Landschaften und ermöglichen so die Begegnung mit vertrauter Natur im Garten. Bewusst platzierte Findlinge bilden Berge oder ganze Gebirge ab. Durch ausgedehnte Kiesflächen werden in der Regel weite Wasserflächen dargestellt. In den Kies geharkte Wellenmuster sollen Assoziationen an die fließenden Bewegungen des Wassers wecken. Solche Gestaltungen sind aufwendig: Laub oder Zweige müssen ständig sorfältig entfernt und die Wellenmuster in kurzen Abständen nach-

gezogen werden. Und es versteht sich von selbst, dass solche Flächen nicht begangen werden dürfen.
Doch nicht nur in asiatischen Gärten sind Steine ein wichtiger Bestandteil der Gartenkultur. In Europa wurde Kies bereits in Barockgärten als bedeutendes Gestaltungsmaterial verwendet. Man setzte Kiesarten mit den unterschiedlichsten Farben ein, um in prunkvollen Parterres wirkungsvolle Ornamente zu schaffen und so den Gärten rund ums Jahr ein attraktives Gesicht zu verleihen. Ab Ende des 19. Jahrhunderts kamen dann – beeinflusst durch die asiatische Gartenkultur und den aufstrebenden Alpinismus – Steingärten in Mode. In ihnen dominieren alpine Pflanzen, die sich zwischen kleinen Felsblöcken und Steinfugen behaupten.
Auch in anderen modernen Gartengestaltungen werden Stein und Kies eingesetzt: In vielen Wassergärten säumt beispielsweise Kies das Ufer von Teichen oder künstlich angelegten Bachläufen. Hierfür liefert die Natur geeignete Vorbilder.

Vom Kiesbeet zum Kiesgarten

Eine Sonderform des Steingartens ist das Kiesbeet. Es wurde in den 60er-Jahren des 20. Jahrhunderts in unseren Gärten populär. Hier wurde nicht mehr mit Findlingen oder behauenem Stein gearbeitet, vielmehr wurden Kiesaufschüttungen bepflanzt.
Häufig waren diese Schotterflächen im Vorfeld des Hauses nur spärlich mit Pampasgras, Blaukissen oder Zwerg-Kiefern bestückt. Zwischen einzelnen Pflanzen taten sich unbewachsene kahle Abschnitte auf, die nur von Kies bedeckt waren. Doch die Spannung zwischen einer ruhigen, einförmigen Kiesdecke und aufstrebenden Pflanzengestalten beeindruckte schon damals die Betrachter. Seinerzeit standen gestalterische Aspekte im Vordergrund. Ökologische Gesichtspunkte waren in dieser Zeit noch zweitrangig.
Dies hat sich mittlerweile grundsätzlich geändert. Trockene und heiße Sommer, warmes Stadtklima und die Notwendigkeit, mit Wasser sparsam umzugehen, haben einen neuen Gartentyp geschaffen. Im modernen Kiesgarten werden bewusst trockenheitsverträgliche Pflanzen verwendet, die keine zusätzliche Wasserversorgung brauchen. Während in seiner minimalistischen Ausprägung lediglich einzelne Pflanzen oder Streifen von Gräsern und Halbsträuchern mit weiten Schotter- oder Kiesflächen korrespondieren, kommt in den pflanzenbetonten Arrangements des modernen Kiesgartens eine Vielzahl unterschiedlicher Arten zum Einsatz.

Unten: *Wie an einem natürlichen Flusslauf oder einem Baggersee säumt Kies das Ufer dieses Teichrands.*

einfach gärtnern

Im Kiesgarten ist Gesteinsmaterial weniger ein Gestaltungselement, sondern dient dazu, den Boden durchlässig und mager zu machen (→ Seite 68). In trockenen Regionen gelingt die Anlage eines Kiesgartens leicht. In niederschlagsreichen Gebieten ist es dagegen schwierig, geeignete Bedingungen zu schaffen. Wenn Ihnen das zu aufwendig ist, bepflanzen Sie solche Fächen besser mit feuchtigkeitsliebenden Stauden, als gegen die Natur zu gärtnern.

Oben: *Auf nach Süden geneigten Hängen sind Kiesgärten eine ansprechende und pflegearme Lösung. Fackellilien, Bart-Iris und Kugel-Lauch setzen farbige Akzente.*

Rechts: *Warme Südwände bieten ausgezeichnete Bedingungen für einen Kiesgarten. Lavendel, Federgräser und Spornblumen fühlen sich hier wohl.*

Kies allein macht keinen Kiesgarten

Nicht jedes Miteinander von Pflanze und Stein ist bereits ein Kiesgarten. Oft sind Pflanzflächen nur aus ästhetischen Gründen mit Kies bedeckt, oder Beete werden mit Kies oder Splitt abgedeckt, um den Boden vor Erosion zu schützen und die Keimung von Unkräutern einzuschränken. Solche Gärten haben mit einem Kiesgarten nur wenig zu tun, denn hier wachsen Pflanzen mit einem höheren Wasserbedarf gewöhnlich in einem normalen oder sogar feuchten Gartenboden, der reich mit Nährstoffen versorgt ist. Trotz der Kiesabdeckung werden Sie in längeren Trockenperioden gießen müssen.

Der echte Kiesgarten

In einem echten Kiesgarten hingegen gedeihen lichthungrige, hitze- und trockenheitsverträgliche Arten, die obendrein wenig Nährstoffe brauchen. Ein Kiesgarten ist deshalb in erster Linie für Gärten eine gute Lösung, die karge Standortbedingungen bieten, denn die typischen Pflanzen des Kiesgartens wollen einen durchlässigen, mageren Boden und einen warmen, sonnigen Platz.

Wenn Sie also in niederschlagsarmen Gegenden zu Hause sind, brauchen Sie kaum große Vorbereitungen zu treffen, sondern können problemlos einen Kiesgarten anlegen (→ Seite 66/67).

Selbst in feuchteren Regionen können Sie mit einer geschickten Standortwahl einen Kiesgarten oder zumindest ein Kiesbeet verwirklichen: Oft sind Plätze vor Süd- und Südwestwänden eine gute Wahl für ein Kiesbeet. Durch die Rückstrahlung der Mauern ist es hier warm und trocken. Auch werden nach dem Bau eines Hauses Baugruben oft mit lockeren Schüttmaterialien verfüllt, sodass Regenwasser hier rasch versickert. Ist der Boden zu nährstoffreich, können Sie ihn mit einigem Aufwand abmagern und für die Kiesbeetflora passend machen (→ Seite 67). Ebenso bieten nach Süden und Südwesten ausgerichtete Hanglagen gute Bedingungen für einen Kiesgarten. Hohe Sonneneinstrahlung, Wärme und rasch abfließendes Wasser offerieren den charakteristischen Halbsträuchern, Stauden sowie Zwiebel- und Knollengewächsen beste Chancen zum prächtigen Gedeihen. An solchen Standorten kann der Kiesgarten mit all seinen Vorteilen punkten: Die Pflanzen müssen selbst bei großer Hitze nicht gegossen werden, und sie brauchen keinen Dünger. Obendrein wachsen unter diesen Bedingungen weniger Unkräuter.

In niederschlagsreichen Regionen sollten Sie auf nassen oder schattigen Plätzen auf einen Kiesgarten verzichten. Hohe Feuchtigkeit, vor allem Winternässe, ist der größte Feind der wärmeliebenden Pflanzen. Können die Niederschläge nicht schnell genug abfließen, faulen die Wurzeln, und oft sterben dann die Pflanzen ab.

Links: *Dank des gelblichen Steins strahlt der Platz Wärme aus. Die aufstrebenden Pflanzen setzen kräftige Akzente zum ruhig wirkenden Platzbelag.*

Rechts: *Wie ein Bach mäandert der Kiesweg durch die Pflanzung. Die Pflanzen dürfen aus dem Beet in den Weg wachsen, sodass ein natürliches, lebendiges Bild entsteht.*

Was Kies im Garten alles kann

Kies, Splitt oder Schotter (→ Kasten) werden in fast allen Gartentypen für die unterschiedlichsten Funktionen eingesetzt: Sie bedecken Wege, dienen als Belag von Sitzplätzen oder schützen als Mulchschicht den Boden vor dem Verlust von Wasser. All diese Materialien lassen sich – anders als Steinplatten –spielend leicht verarbeiten: Geschwungene Wege – ob mit engen Kurven oder sanften Biegungen – lassen sich ohne großen Aufwand formen. So entstehen organische, natürlich wirkende Gartenpfade. Allerdings unterscheiden sich Kies, Splitt und Schotter etwas in der Begehbarkeit: Während Kies sich aufgrund seiner runden Form nicht verkeilt und dadurch weniger Halt beim Gehen bietet, verkanten sich Splitt und Schotter. Diese Beläge ermöglichen dadurch kräftesparendes, bequemes Gehen. Damit solche Kies-, Splitt- oder Schotterwege in Form bleiben, brauchen sie einen stabilen, aber wasserdurchlässigen Unterbau – etwa eine verdichtete Schicht aus Mineralbeton.

In der Regel wird ein solcher Weg durch eine Reihe aus Granit- oder anderen Steinen gefasst oder durch andere Einfassungen fixiert. Das hält das Gesteinsmaterial auf den Wegen und verhindert, dass sich Wegbelag und Erdreich mit der Zeit vermischen.

Im Kiesgarten ergeben sich für die Verwendung von Kies, Splitt und Schotter jedoch einige Besonderheiten. So bietet es sich an, den Übergang vom Weg zu den Pflanzflächen fließend zu gestalten. Wege, Plätze und Pflanzflächen

einfach gärtnern

Die Auswahl mag anfangs verwirren: Kies, Splitt, Schotter oder Bruchsand – was ist der Unterschied? Kies ist gewaschenes Material mit rundlichem Korn, weist also keine Ecken auf. Als Splitt bezeichnet man gebrochenes Material mit scharfen Kanten. Die verwendeten Korngrößen reichen von 2–32 mm. Schotter ist ebenfalls gebrochen, aber gröber. Bei feinerer Korngröße (0–5 mm) spricht man von Bruchsand.

verbinden sich dadurch zu einem harmonischen Ganzen. Wenn sich einige kleinere Pflanzen aus dem Kiesgarten in den Pfad aussäen, entsteht ein natürliches, lebendiges Bild. Wichtig ist, dass der Weg begehbar bleibt und Sie allzu reichlichen Pflanzenaufwuchs im Zaum halten.

Ästhetisch und nützlich: eine Mulchschicht aus Stein

Um die Keimung von Unkräutern zu verhindern, deckt man Pflanzflächen häufig mit Rinde ab. Eine derartige Mulchschicht würde im Kiesgarten fremd wirken und den Wasserabfluss verzögern. Auf das Mulchen brauchen Sie im Kiesgarten trotzdem nicht zu verzichten. Anstelle von Rinde empfehlen sich hierfür unterschiedlichste Kies- oder Splittarten. Farbe, Form und Größe können sehr verschieden sein (→ Seite 16/17). Achten Sie jedoch darauf, dass kein kunterbuntes Durcheinander entsteht, und stimmen Sie das Steinmaterial auf Blüten- und Laubfarben ab. Eine Mulchschicht aus Kies oder Splitt schützt aber nicht nur vor Unkraut, sondern hat weitere Vorteile: Weil diese Materialien das Wasser ableiten, trocknet die Bodenoberfläche nach Regen rasch ab. Gleichzeitig wirkt die Mulchschicht aus Steinen als Schutz, sodass der Untergrund kühl und feucht bleibt – eine Wohltat für die Pflanzen. Da die Gefahr der Bodenverdichtung geringer ist, können Sie die Flächen nach Niederschlägen auch viel früher betreten. Nicht zuletzt ist eine Mulchschicht aus Kies ein ästhetisches Element, das den Charakter des Kiesgartens betont.

Links: *Der gradlinige Kiesweg greift die Form von Bank und Pflanzflächen auf und bildet einen reizvollen Kontrast zur rückwärtigen Mauer.*

Rechts: *Die Kaufmanniana-Tulpe hat keine Mühe, die schützende Mulchschicht aus Gesteinssplitt zu durchbrechen.*

Kies – nicht nur eine Frage der Optik

In einem Kiesgarten bedecken Pflanzen den Boden meist nicht lückenlos. Besonders vom Spätherbst bis zum Frühjahr wird der Untergrund immer wieder ins Blickfeld rücken. Deswegen prägt das Gesteinsmaterial das Aussehen des Kiesgartens entscheidend mit. Wählen Sie die Kies-, Splitt- oder Schotterart daher mit Bedacht aus. Doch die Optik ist nur ein Aspekt.
Ein weiterer Aspekt sind die Kosten. Vielleicht haben Sie die Möglichkeit, optisch ansprechenden Kies oder schönen Splitt aus einem nahe gelegenen Steinbruch zu beziehen. Dies spart nicht nur Transportkosten, sondern ist auch ökologisch sinnvoll, da weite Wege vermieden werden. Besteht keine Chance, Kies & Co. aus der Region zu beziehen, helfen örtliche Baustoffhändler. Die Auswahl ist riesig: Das Spektrum reicht vom schwarzgrauen Schiefer bis zum kreideweißen Kalkgestein, von Buntsandstein in unzähligen Ockertönen bis zum feurigen Rot intensiv gefärbter Varianten des Porphyrs.
Neben Natursteinen werden auch Recyclingmaterialien wie Ziegelsplitt oder industriell gefertigte Stoffe wie Blähschiefer angeboten. Zum Teil sind sie jedoch so intensiv gefärbt, dass sie neben manchen Blütenfarben disharmonisch wirken. So ist das Zinnoberrot des aus alten Dacheindeckungen und geschredderten Wänden gewonnenen Ziegelsplitts kombiniert mit den Rosatönen von Spornblume oder Teppich-Seifenkraut wenig ansehnlich. Ebenso

Links: *Hell blühende Stauden und dunkles Mulchmaterial wie Schotter aus Schiefer sind ein attraktiver Gegensatz.*

Rechts: *In diesem mediterranen Kiesgarten wurde unterschiedlich gefärbter und verschieden großer Splitt verwendet, um Wege und Pflanzflächen voneinander zu trennen.*

erfordert Splitt aus rötlicher Lava oder grünem Glimmerquarzit Fingerspitzengefühl beim Kombinieren. Graue und helle sandfarbene Töne wirken dagegen zurückhaltend und arrangieren sich gut mit einer Vielzahl von Pflanzen. Tiefes Schwarz oder strahlendes Weiß wirkt wiederum weniger dezent und drängt sich mehr in den Vordergrund.

Einfluss auf die Pflanzen

Farbe und Art von Kies und Splitt beeinflussen auch das Pflanzenwachstum. So wärmen sich durch die Absorption von Licht dunklere Materialien stärker auf als helle. Dies können Sie ausnutzen, um nicht ganz optimale Standorte zu verbessern. Da dunkle Materialien nachts Wärme abgeben, entsteht für viele wärmeliebende Pflanzen ein angenehmes Kleinklima. Helle Materialien reflektieren dagegen Licht. Sie heizen sich weniger stark auf und geben in der Nacht weniger Wärme ab. Wenn Sie das Gestein nur als Mulch (→ Seite 15) einsetzen, hat dies kaum Auswirkungen auf die Bodenreaktion. Verwenden Sie das Material jedoch dazu, um den Boden für den Kiesgarten aufzubereiten (→ Seite 68), beeinflusst die Gesteinswahl die Wachstumsbedingungen weitaus stärker. Die meisten Kiesgartenpflanzen stammen aus Regionen mit kalkhaltigen Böden. Sie fühlen sich auf basischen bis neutralen Böden (pH 6,5–8) wohl. Für solche Pflanzen eignet sich Kies oder Splitt aus Kalkgestein. Für saure Böden liebende Arten wie Flügel-Ginster oder Pechnelke wählen Sie besser Materialien wie Granit oder Gneis.

Links: *Ein ansprechendes Farbenspiel: himmelblau blühender Lein und rötlich bunter Kies. Setzt man solche auffälligen Kombinationen mit Bedacht ein, können sie zum reizvollen Blickpunkt werden.*

Rechts: *Wie viele andere Kiesgartenpflanzen fühlen sich Elfendistel, Edeldistel, Federgräser und Kugel Lauch auf kalkhaltigen Böden wohl.*

Kiesgärten gestalten

Klare Linien oder wogende Vielfalt, zarte Ton-in-Ton-Beete oder kräftiges Farbenspiel: Geschickte Gestaltung macht Gartenträume wahr.

Kiesgärten nach Maß

Ob mediterranes Kiesbeet oder blühende Steppe: Ganz nach Wunsch wird Ihr Kiesgarten intim oder weitläufig, klar und elegant oder fantasievoll und üppig.

Rechts: *Geschützt durch Mauern und abgegrenzt von der Umgebung, entsteht ein in sich geschlossener Gartenraum. Solche Entwürfe können Sie selbst in kleinen Stadtgärten realisieren.*

Unten: *Die Weite der Landschaft wird bewusst in den Garten einbezogen. Der Übergang vom Garten in die Umgebung scheint fließend.*

Kein Garten gleicht dem anderen, denn Gärten sind so vielfältig wie die Ideen und Wünsche ihrer Besitzer. Manche sind einladend und heiter, andere grenzen sich von der Außenwelt durch übermannshohe Hecken ab. Manche sind liebevoll geplant, andere ohne große Überlegung entstanden. Für Kiesgärten gelten bei der Gestaltung im Prinzip dieselben Regeln wie für andere Gärten. Damit ein Kiesgarten gelingt, sollten Sie daher einige grundsätzliche Vorüberlegungen treffen.

Ganzer Garten oder Beet? Abgegrenzt oder mit Blick?

Möchten Sie Ihren ganzen Garten als Kiesgarten gestalten oder nur einen begrenzten Bereich? Die Antwort auf diese Frage hängt in erster Linie von der Gesamtgröße Ihres Gartens und von seiner Lage ab. Da Kiesgarten-Pflanzen lichthungrig und wärmebedürftig sind, sollten Sie nur sonnig gelegene Flächen in Betracht ziehen (→ Seite 12). Halbschattige oder schattige Flächen scheiden von vornherein aus.
Überlegen Sie als Nächstes, wie sich Ihr Kiesgarten am besten in die Umgebung einfügt. Grundsätzlich gibt es zwei sehr unterschiedliche Ansätze: Entweder Sie planen einen offenen, weitläufigen Kiesgarten, der die Umgebung bewusst in den Garten einbezieht, oder Sie schirmen den Garten von der Umgebung ab. Im ersten Fall ermöglicht der Kiesgarten Ausblicke in die freie Landschaft. Gärten in Ortsrandlagen bieten die beste Voraussetzung für eine solche Lösung. Gute Nachbarschaft und ansprechend gestaltete Nachbargärten lassen ebenfalls eine offene Gestaltung zu. Bedenken Sie jedoch, dass man bei solchen Lösungen in Ihren Garten hineinsehen kann. In einem reich frequentierten Umfeld werden Sie deshalb wahrscheinlich darauf verzichten und Ihren Kiesgarten von der Außenwelt räumlich abschirmen. Mitunter können Sie hierfür vorhandene Mauern oder Hecken geschickt genutzen. Das hat einen angenehmen Nebeneffekt: Gerade Mauern verbessern das Kleinklima, weil sie Wärme speichern und günstige Wachstumsbedingungen für empfindlichere oder nicht vollständig winterharte Kiesgartenpflanzen schaffen. Ebenso bieten abgesenkte Gartenareale gute Voraussetzungen für einen abgeschlossenen Kiesgarten. Die Geländesprünge können Sie durch Mauern einfassen. Im Kiesgarten bieten sich

Links: *An geschützten Plätzen gedeihen selbst Halbsträucher wie das frostempfindliche Strauch-Brandkraut. Königskerzen und Binsenlilien bilden einen guten Kontrast dazu.*

Unten: *Tagsüber gespeicherte Wärme wird nachts abgegeben und kommt vielen Pflanzen zugute: Orientalische Iris und Fackellilien fühlen sich im Vorfeld der Mauer wohl.*

dafür Trockenmauern an, deren Fugen Sie mit Pflanzen wie Gips- oder Niedrigem Seifenkraut und anderen Stauden bepflanzen können. Das ist nicht nur optisch ansprechend, sondern bietet auch zahlreichen Tieren einen Lebensraum: Hier wird sich eine Vielzahl von Eidechsen und Insekten wohlfühlen. Oft reicht es bereits aus, wenn einzelne Gehölze oder lockere Strauchgruppen den Kiesgarten umschließen. Doch Vorsicht: Dadurch werden die Standortbedingungen für die benachbarten Kiesgartenpflanzen verändert. Je größer Bäume und Sträucher werden, desto größer wird die Konkurrenz um Nährstoffe, Wasser und Licht. Pflanzen Sie im Übergang zwischen Bäumen und Sträuchern an der Grenze zum Kiesgarten deshalb Stauden, die vor Gehölzen gedeihen und trotzdem zum Kiesgarten passen. Von solchen Stauden gibt es eine reiche Auswahl (→ Seite 94).

Ein Kiesgarten-Areal im Garten integrieren

Wollen Sie nur einen kleinen Teil Ihres Gartens als Kiesgarten gestalten, können Sie entweder einen bereits bestehenden Bereich umgestalten oder einen eigenen Raum dafür schaffen. Ein solches Areal sollte nicht allzu klein sein und ein ansprechendes Format besitzen. Am besten orientieren Sie sich am sogenannten Goldenen Schnitt. So empfinden Mensche Flächen als angenehm, wenn diese etwas mehr als eineinhalb Mal so lang wie breit sind. Eine behagliche Oase entsteht, wenn ein solches Kiesgarten-Areal zwar umschlossen ist, die Grenzen jedoch nicht zu wuchtig und massiv wirken. Mitunter reicht bereits eine hüfthohe Abgrenzung, um das Areal von benachbarten, anders gestalteten Gartenszenerien räumlich zu trennen. Planen Sie nur ein Kiesgartenbeet, lässt sich dieses ausgezeichnet unmittelbar vor der Süd- oder Südwestseite Ihres Hauses realisieren.

Fließende Grenzen

Falls Sie einen großzügigen und weitläufigen Garten wünschen, können Sie diesen so gestalten, dass er nur zu einem Teil aus einem Kiesgarten besteht, der von seinen Rändern aus schrittweise und wie selbstverständlich in benachbarte Gartenbereiche übergeht. Diese beinhalten abweichende Themen und eine andere Pflanzenwelt. In jedem Fall sollten Sie ein unvermitteltes Aufeinandertreffen der sanften Grautöne trockenheitsverträglicher Arten mit üppiger, saftig grüner Vegetation vermeiden und mit einer geschickten Pflanzenwahl für fließende Übergange sorgen: So können unterschiedlich hohe Stauden das Kiesgarten-Areal mit den Gehölzen an der Gartengrenze verbinden. Ebenso sollte der Wechsel von den trockeneren Bereichen des Kiesgartens zu den feuchteren Gartenzonen einfühlsam erfolgen, indem sich am Rand des Kiesgartens allmählich Pflanzen für frische Standorte anschließen. Wenn Sie an den Nahtstellen diesseits und jenseits der gedachten Grenze Pflanzen verwenden, die sowohl Trockenheit als auch etwas feuchtere Standorte akzeptieren, vernetzen Sie beide Bereiche, und die Gartenszenerie erhält ein natürliches Erscheinungsbild.

Hoch und tief, feucht und trocken: Kiesgärten am Hang

Sonnenexponierte Hanglagen sind meist ein perfekter Standort für einen Kiesgarten. Hier können Sie ein reizvolles Gartenbild gestalten, indem Sie im Übergang zur Senke Pflanzen für frischere Böden verwenden. Ist das Areal groß genug, können Sie an der tiefsten Stelle sogar einen Teich anlegen, der hier ganz natürlich wirkt.

Unten: *Mauern und üppig bewachsene Zäune begrenzen den Garten. Kiesflächen lassen den Raum trotzdem weit und großzügig wirken.*

Natur beobachten

Durch eine geschickte Pflanzenauswahl wird Ihr Kiesgarten zum Magnet für Schmetterling & Co. Tagpfauenauge und Admiral fliegen nicht nur auf den Schmetterlingsstrauch. Auch Igelkopf, Berg-Astern und Fetthennen sind als Nahrungsquelle begehrt. Taubenschwänzchen umschwärmen die Spornblume. Bienen, Hummeln und Schwebfliegen wiederum laben sich an Dost, Thymian, Lavendel, Katzen- oder Bergminze.

Oben: *Die orangerot blühende Knollige Seidenpflanze stammt wie der benachbarte Gelbe Igelkopf aus den Prärien Nordamerikas.*

Rechts: *Kiesgärten können mediterranen Flair in Ihren Garten bringen: Salbei, Thymian, Lavendel und Heiligenkraut sind zwar im Mittelmeergebiet zu Hause, gedeihen aber auch bei uns. Nur auf den Olivenbaum müssen Sie verzichten.*

Aus nah und fern

Die meisten Gartenpflanzen stammen aus Breiten, die ein ähnliches Klima aufweisen, wie wir es in Mitteleuropa kennen. Neben Arten aus Europa finden sich daher viele west- und ostasiatische sowie zahlreiche nordamerikanische Gäste in unseren Gärten. Die meisten Kiesgartenpflanzen kommen aus diesen Regionen, jedoch aus Gebieten, die von jeher trockener sind als unsere mitteleuropäischen Gärten. Sie sind daher geradezu prädestiniert, immer längere sommerliche Trockenperioden unbeschadet zu überstehen.

Gäste aus dem Osten

In Südosteuropa sind es die baumlosen Steppen und weiten Graslandschaften – beispielsweise die ungarische Puszta –, die eine Vielzahl von Kiesgartenpflanzen beheimaten. Ähnliche Pflanzengesellschaften begegnen uns im Umfeld des Schwarzen Meers oder in Innerasien. Weil sie weit von allen Ozeanen entfernt liegen, sind diese Regionen geprägt durch lang anhaltende Sommertrockenheit. Bäume und höhere Sträucher können hier nicht mehr wachsen. Vielmehr werden die Steppen von Gräsern, niedrigen Halbsträuchern, trockenheitsverträglichen Stauden sowie einer Reihe von Zwiebel- und Knollenpflanzen besiedelt. Viele attraktive Gartenpflanzen wie das Rispige Schleierkraut, Steppen-Wolfsmilch, Tatarenschleier und zahlreiche Federgras-Arten entstammen den südosteuropäischen und asiatischen Steppen. Da sie im Garten ohne zusätzliche Wasserversorgung auskommen, bringen sie beste Voraussetzungen für die Verwendung im Kiesgarten mit.

Gäste aus den nordamerikanischen Prärien

Ähnliche Wachstumsbedingungen herrschen in den nordamerikanischen Prärien vor. Auch dies sind weite Graslandschaften. Im Regenschatten der Rocky Mountains liegt die Kurzgrasprärie. Sie beherbergt viele niedere trockenheitsverträgliche Gräser wie das Moskitogras, ebenso winterharte Kakteen wie den Vieldornigen Feigenkaktus oder Stauden wie die Wüstenmalve *(Sphaeralcea coccinea)* oder Mohnmalve *(Callirhoë involucrata)*. Nach Osten zum Atlantik hin nehmen die Niederschläge zu. In Mischgras- und Hochgrasprärien gedeihen hier höherwüchsige Arten wie Prärie-Borstgras und Rutenhirse, die in Gartenkultur bereits einen höheren Wasserbedarf aufweisen.

Gäste vom Mittelmeer

Eine große Zahl typischer Kiesgartenpflanzen stammt aus dem Mittelmeergebiet. Auf locker bewachsenen, kargen Untergründen, den sogenannten Garigues, trotzen Halbsträucher wie Lavendel, Heiligenkraut oder Thymian der Trockenheit. In der sommerlichen Hitze hüllen sie ganze Landstriche in ihren köstlichen Duft. Auch zahlreiche Stauden wie Spornblumen oder Polster-Seifenkraut begegnen uns im Süden immer wieder an sonnigen und trocken-heißen Stellen. Wie die Halbsträucher und viele mediterrane Gräser sind sie bei uns meist ausreichend winterhart und deshalb ausgezeichnete Kandidaten für einen mediterran geprägten Kiesgarten.

Heimische Vertreter

Viele in Mitteleuropa beheimatete Arten machen es sogar möglich, einen Kiesgarten ganz als »Naturgarten« anzulegen, in dem nur heimische Pflanzen wachsen. Und sie brauchen sich wahrlich nicht vor ihren exotischeren Verwandten zu verstecken: Attraktive Gestalten wie Adonisröschen, Küchenschelle, Frühblühender Thymian, Berg-Aster oder Königskerzen besitzen nicht nur als Nektarlieferanten für die Tierwelt eine hohe Anziehungskraft, sondern vertragen auch Trockenheit und magere Böden. Sie entstammen speziellen Pflanzengesellschaften, den Trocken- oder Magerrasen. Diese sind auf flachgründigen, wenig Wasser haltenden Böden und oft auf nach Süden oder Südwesten ausgerichteten Hängen zahlreicher Mittelgebirge wie der Schwäbischen Alb zu finden.

Die Mischung machts

Es kann reizvoll sein, Pflanzen entsprechend ihren Heimatarealen im Garten zu gruppieren. Obgleich sie aus unterschiedlichsten Regionen stammen, ist dies jedoch keinesfalls nötig. Schließlich stellen sie alle die gleichen Ansprüche an den Standort. Sie können die Pflanzengäste aus den Steppen Asiens, den Prärien Nordamerikas, vom Mittelmeer oder aus unseren Breiten also nach Herzenslust kombinieren.

Oben: *Fast wie ein Aquarell: Filigrane Pflanzen wie Mexikanisches Federgras, Purpur-Witwenblume oder Blauraute verleihen dem Kiesgarten duftige Leichtigkeit.*

Rechts: *Klare und markante Formen: Halbsträucher wie verschiedene Heiligenkraut-Arten passen ebenso gut in den Kiesgarten wie ausdrucksstarke Edeldisteln.*

Charakterpflanzen

Kiesgärten haben eine ganz spezielle Ausstrahlung, die sich deutlich von der anderer Gartentypen unterscheidet: Oft sind es die bläulichen oder grausilbrigen Blätter der Stauden und die filigranen Halme der Gräser, die dem Kiesgarten sein eigenes Gesicht verleihen. Üp pige, großspreitige Blattorgane finden sich nur selten. Der Kiesgarten imponiert mit zartem Charme. Er wirkt meist duftig und leicht. Zarte Linien und graziöse Formen überwiegen.
Das ist kein Zufall. Denn das Aussehen der Pflanzenarten und ganzer Pflanzengesellschaften ist das Ergebnis einer Entwicklung über Jahrtausende hinweg. Es spiegelt die Anpassung der Pflanzen an ihren Standort wider.
Und weil Pflanzen im Wettbewerb um Raum, Wasser, Nährstoffe und Licht unterschiedlichste Überlebenstrategien entwickelt haben, sind in diesem Prozess ganz verschiedene Pflanzenformen mit typischen Merkmalen entstanden. Wer sie richtig interpretieren kann, weiß, welche Standorte diese Pflanzen im Garten bevorzugen. Beispielsweise zeigen Waldpflanzen frische, saftig grüne Blätter. Steingartenpflanzen wachsen besonders gedrungen, während Sumpfpflanzen besonders üppig und häufig auch hochwüchsig sind.
Die Pflanzen des Kiesgartens stammen dagegen von trockenen Standorten. Sie müssen unter schwierigen Bedingungen mit Wasser sparsam haushalten und haben daher raffinierte Mechanismen entwickelt, um mit wenig Wasser auszukommen.

Schutz vor Verdunstung

Ein typisches Merkmal vieler Pflanzen aus dem Mittelmeerraum oder aus den Steppen ist silbriges, stumpfgrünes oder bläuliches Laub. Am Woll-Ziest ist besonders eindrucksvoll zu sehen, dass diese helle Tönung der Blätter auf einer dichten, fast schon filzigen Behaarung beruht. Andere Arten wie Blaustrahlhafer und Blau-Schwingel besitzen einen wachsartigen Überzug. Sowohl Haare als auch Wachsschicht sind ein vorzüglicher Verdunstungsschutz, weil die Spaltöffnungen, über die die Pflanzen Kohlendioxid aus der Luft aufnehmen

Sinne schulen

Den Kiesgarten erleben heißt auch, unterschiedliche Blätter zu fühlen. Besonders flauschiges, weiches Laub besitzen Woll-Ziest, Seidige Königskerze, Silber-Salbei und Kretische Schwarznessel. Glatte, fast gummiartige Blätter haben Spornblumen, Felsen-Fettblatt und Fetthennen. Richtig kratzbürstig sind dagegen Edeldisteln, Kardendistel & Co. Blätter von Blaustrahlhafer, Bart-Iris und Spornblumen besitzen eine bläuliche Wachsschicht, die sich abreiben lässt.

Links: *Das Silber-Heiligenkraut ist bestens an trocken-warmes Klima angepasst. Das helle Laub reflektiert Licht und bewahrt vor Überhitzung. Die kleinen Blätter verdunsten nur wenig Flüssigkeit.*

Unten: *Schon zur Blütezeit vergilben die Blätter der Steppenkerzen. Sie geben ihr Laub auf, um sommerliche Hitze und Trockenheit im Boden zu überdauern.*

und Wasserdampf abgeben, unter dem Haarfilz oder der Wachsschicht verborgen bleiben. Gleichzeitig reflektiert die helle Farbe von Härchen und Wachs das Licht, sodass sich die Blätter nicht allzu stark aufheizen.
Doch nicht alle Pflanzen im Kiesgarten sind grau. Lorbeer-Schneeball, Rosmarin oder Palmlilien warten zum Beispiel mit kräftig grünem Laub auf. Bei ihnen verhindert ein ausgeklügelter Aufbau der Blätter einen zu starken Wasserverlust. Sogenannte sukkulente Pflanzen wie Feigenkaktus, Mauerpfeffer, Fetthenne oder Mittagsblume können Wasser über lange Zeit in speziellem Gewebe speichern. Typisch für sie sind besonders fleischige, dicke Blattorgane.

Schutz durch Duft

Andere Arten haben eine Art Klimaanlage entwickelt. So setzen viele aromatische Pflanzen wie Lavendel, Heiligenkraut oder Diptam an heißen Tagen ätherische Öle frei und kühlen auf diese Weise die Blattoberflächen. Da ätherische Öle weniger schnell verdunsten als Wasser, ist dies eine sehr effiziente Maßnahme, Wasser zu sparen. Für uns hat das einen sehr angenehmen Nebeneffekt: Diese Pflanzen verströmen im Kiesgarten besonders an heißen Tagen ihre betörenden Duftwolken.

Spröde Schönheiten

Wieder andere Pflanzen reduzieren ihre Blattflächen, die sogenannten Blattspreiten, um die Verdunstung herabzusetzen. Manche haben zusätzlich Stacheln entwickelt, um sich vor hungrigen Mäulern zu schützen. Vertreter dieser Gruppe, die sich für den Kiesgarten eignen, sind beispielsweise Esels-, Silber-, Karden-, Edel- oder Kugeldisteln: Ihre manchmal bizarren Formen und Gestalten setzen grafische Akzente und geben dem Kiesgarten ein naturhaftes Erscheinungsbild. Viele besitzen außerdem tief reichende Wurzeln, sodass sie mit einem knappen Wasserangebot zurechtkommen, weil sie tiefe Bodenschichten »anzapfen« können.
Doch auch andere Stauden wie Garben, Schleierkraut, Graslilien oder Karthäuser-Nelke besitzen schmale oder stark zerklüftete Blätter. Und zahlreiche Gräser wie Schwingel, Perlgras oder Federgräser haben nicht nur äußerst schmale Blattspreiten, sondern rollen diese in Trockenzeiten noch ein, um die Verdunstungsfläche zu reduzieren.

Auf Stippvisite

Zwischen den beständigen Gehölzen, Stauden und Gräsern setzen Zwiebel und Knollenpflanzen im Frühjahr und Vorsommer kräftige saisonale Spotlights. In den heißen Sommermonaten verstecken sich die Pflanzen dieser Gruppe dann gänzlich im Boden. Hier kann ihnen Trockenheit und Hitze nichts anhaben. Steppenkerzen und LauchArten geben ihr Laub bereits zur Blütezeit auf. Tulpen, Zwiebel-Iris und andere lassen sich etwas mehr Zeit, bis ihr Laub vergilbt. Im nächsten Jahr treiben sie wieder aus, um mit reichem Flor aufs Neue Glanzpunkte zu setzen.
Eine andere Strategie, den Fortbestand ihrer Art zu sichern, verfolgen Ochsenauge, Spornblume oder Königskerzen. Es sind sogenannte Blender – kurzlebige Pflanzen, die sich schnell zu prunk- und schmuckvollen Gestalten entwickeln. Doch schon nach wenigen Jahren, manchmal schon nach einer ersten überreichen Blüte, sterben sie ab. Es sind Vagabunden, die durch reiche Sämlingsbildung bald hier, bald da erscheinen. Im Kiesgarten kommt ihnen eine besondere Rolle zu, denn sie sorgen immer wieder für Überraschungen, wenn sie an den verschiedensten Stellen von selbst auftauchen.

Oben: *Ein attraktives Paar: Purpurkugel-Lauch und Elfenbeindistel überstehen Trockenheit und Hitze. Ersterer besticht durch seine auffälligen, kegelförmigen Blütenstände, Letzterer durch sein elegantes, graues Laub und die silbrigen Blumen.*

Kiesgärten mit Stil

Wie soll Ihr Kiesgarten aussehen? Natürlich und ungezähmt oder sanft arrangiert? Üppig oder zurückhaltend bepflanzt? Dank der reichen Pflanzenauswahl haben Sie viele Möglichkeiten, Ihrem Kiesgarten ein unverwechselbares Gesicht zu geben. Patentlösungen und Rezepte gibt es freilich nicht. Deshalb sollten Sie sich im Vorfeld genug Zeit nehmen, Ihren Kiesgarten sorgfältig zu planen. Gelungen ist die Gestaltung Ihres Gartens dann, wenn die Pflanzen gedeihen und das erzielte Ergebnis Ihren Wünschen entspricht. Setzen Sie Ihre Ansprüche nicht zu gering an. Und wenn Sie allein nicht zurechtkommen, können Sie sich von einem guten Landschaftsarchitekten weiterhelfen lassen.

Welche Gestaltungsvariante die beste für Sie ist, hängt – neben Ihren Wünschen – im Wesentlichen ab vom Stil Ihres Hauses, seiner Umgebung und der Größe Ihres Gartens oder des Gartenteils, in dem Ihr Kiesgarten entstehen soll. Und auch wenn die Pflege eines Kiesgartens nicht sehr aufwendig ist: Überlegen Sie schon bei der Planung, ob Sie die später notwendigen Pflegearbeiten leisten können und wollen (→ Seite 72).

Harmonie oder Spannung?

Grundsätzlich haben Sie zwei Möglichkeiten: Entweder stehen Haus und Garten im Einklang miteinander oder in einem reizvollen Spannungsverhältnis. Je nach Stil des Hauses können Sie dies durch eine formale oder eher freie Gestaltung verwirklichen.

Formale Gestaltungen – das Setzen von Pflanzen in regelmäßigen Abständen, Reihen oder Linien – können eine geeignete Lösung im Umfeld moderner Gebäude sein, deren Architektur von Stahl und Glas geprägt wird (→ Seite 36–39). Hier greifen zum Beispiel

Unten: *Ein üppig bepflanzter Kiesgarten. Niedere Staudenteppiche wechseln sich mit höher wachsenden Arten und mit schlanken Gräsern ab – es entsteht eine lebendige Vielfalt.*

Reihen aus in Form geschnittenen Lavendelbüschen und Schleifenblumen oder in gleichmäßigen Abständen gepflanzte Gräser die Geradlinigkeit der Architektur auf und führen sie im Garten weiter. Damit ein harmonisches Gesamtbild entsteht, sollten im Idealfall die Grundform des Gartenraums und die sichtbaren Kiesflächen ebenfalls geometrische Grundformen aufweisen. Bisweilen kann es jedoch reizvoll sein, einer klaren, nüchternen Architektur eine Pflanzung im freien Stil entgegenzusetzen (→ Seite 32–35). Spannung entsteht dabei aus dem Kontrast zwischen der Regelmäßigkeit der Architektur und der ungezügelten Lebendigkeit der Pflanzen. Eine freie, wiesenartige Pflanzung, die sich eventuell sogar in der Glasfassade Ihres Hauses spiegelt, vermittelt Weite und scheint an den strengen Linien der häuslichen Architektur zu »kratzen«. Solche Lösungen bieten sich vor allem für große, weiträumige Kiesgärten an. In kleineren Gärten realisieren Sie besser wohltemperierte Kompositionen, die durch Rhythmik (→ Seite 40–43), Farbenspiel (→ Seite 44–53) und Formensprache (Seite 54–57) begeistern. Ein umschlossener Gartenraum ermöglicht zudem eine regelmäßige Pflanzung auf begrenzter Fläche.
In ländlichen Regionen fügt sich eine strenge, formale Gestaltung dagegen nur selten harmonisch in die Umgebung ein. Um den dörflichen Charakter zu wahren, ist es hier von Vorteil, sich für eine freie Gestaltung zu entscheiden und die Pflanzen in lockerer Weise anzuordnen.

Spartanisch oder üppig?

Egal ob Sie sich eher für eine freie oder für eine formale Gestaltung entscheiden: Überlegen Sie vorab, ob Sie einen üppig bepflanzten Kiesgarten wünschen oder ob Sie eine Variante bevorzugen, bei der nur wenige Pflanzen bewusst in Kontrast zu den Kies-, Splitt- oder Schotterflächen gesetzt werden. Wenn Sie sich für letztere Möglichkeit entscheiden, sollten Sie die Pflanzen nicht zufällig, sondern sehr bewusst platzieren. Wählen Sie ausdrucksstarke Charaktere wie Palmlilien, Schwertlilien oder markante Disteln, die aufgrund ihres stark gegliederten Aufbaus ins Auge fallen. Setzen Sie diesen aufregenden Pflanzenpersönlichkeiten zurückhaltende Formen entgegen, die durch eine geschlossene und gleichmäßige Oberfläche ruhig wirken. Stets sollten Sie dabei den Kontrast zwischen der Dynamik von sich im Lauf der Zeit immer wieder verändernden Pflanzen und der Statik des Steinmaterials berücksichtigen.
Eines ist für eine reduzierte Bepflanzung besonders wichtig: Vermeiden Sie, dass bepflanzte und unbepflanzte Areale gleich groß sind. Einem solchen Gartenentwurf fehlt die Spannung, er wirkt langweilig. Nur aus ungleichen Flächen resultieren letztlich interessante und trotz zurückhaltender Bepflanzung imposante Gartenszenerien.

Der Garten als Wohnraum

Vergessen Sie bei der Planung Ihres Kiesgartens nicht, dass der Garten im Idealfall eine Fortsetzung des Hauses, also ein Wohnraum im Freien ist. So können Sie zum Beispiel durch geschickt platzierte Kiesbeete, die vom Haus aus gut zu sehen sind, Ihren Garten vom Wohnzimmer aus erleben. Und zum sommerlichen »Wohnraum« wird Ihr Garten, wenn Sie zum Stil des Gartens passende Sitz- und Ruheplätze einplanen. Hier können Sie Ihren Kiesgarten quasi auf Augenhöhe betrachten und den Duft der umgebenden Pflanzenwelt genießen.

Oben: *Bewusst reduziert: Die Palmlilie bildet einen prägnanten Kontrast zum Kies und zu kompakten Nachbarn.*

Zwanglos und leicht: freie Gestaltung

Rechts: *Unregelmäßig und locker angeordnet verleihen Schwertlilien und Schopf-Lavendel der Gartenszenerie Leichtigkeit und Eleganz.*

Unten: *Fast wie in der Natur: Präriestauden wie Igelkopf, Indianernessel und Wildes Chinin vereinigen sich hier zu einem üppigen Gartenbild.*

Die freie oder unregelmäßige Anordnung von Pflanzen im Garten bewirkt ein lockeres, meist natürlich anmutendes Bild. Vor allem in reduziert bepflanzten Kiesgärten, in denen das Gesteinsmaterial dominiert, ist eine freie Gestaltung zu empfehlen. Achten Sie dabei darauf, dass die wenigen verwendeten Pflanzen in ungleichen Abständen zueinander angeordnet sind – nur dann entsteht ein spannungsvolles Bild (→ Seite 33, Abb.). Doch auch in üppigen Pflanzungen ist die freie Gestaltung eher die Regel als die Ausnahme.

Freiheit braucht Regeln

Nur wer viel Erfahrung und Geschick hat, wird bei der freien Gestaltung durch intuitives Herangehen stimmige Gartenbilder komponieren. Selbst wenn die Bilder gelungener Gärten wie selbstverständlich und natürlich wirken, werden die Pflanzen bei der unregelmäßigen Pflanzenverwendung nicht willkürlich und planlos verteilt. Vielmehr erfordert eine freie Gestaltung Überlegung und vorausschauende Planung. Sonst entsteht allzu oft ein zufälliges, meist buntes, aber wenig attraktives Durcheinander. Ziel ist es jedoch, durch bewusste Anordnung von dominanten, auffälligen Pflanzen und der rhythmischen Wiederholung dieser prägenden Arten klar gegliederte und trotzdem lebhafte und nie langweilige Gartenszenerien zu schaffen.

Sinnvolle Höhenstaffelung

Wählen Sie für eine Pflanzung unbedingt unterschiedlich hohe Arten und ordnen Sie diese geschickt an. Wenn die Pflanzfläche nur von einer Seite einsehbar ist, versteht es sich von selbst, dass Sie die höheren Pflanzen in den rückwärtigen und mittleren Bereich der Fläche setzen. Kann man das Beet dagegen von mehreren Seiten betrachten, stehen die höheren Pflanzen am besten in der Mitte, keinesfalls jedoch im Vordergrund.

Solitärpflanzen setzen Akzente

Verwenden Sie besonders auffällige Vertreter, etwa formschöne Sträucher oder markante Stauden wie das Riesenschleierkraut *(Crambe cordifolia)* oder Palmlilien *(Yucca filamentosa)* als Einzelexemplare in Solitärstellung. Sie fungieren gewissermaßen als Ausrufezeichen im Beet. In größeren Arealen erfüllen lichte, aber ausdrucksstarke Gehölze diese Aufgabe besonders gut und haben gegenüber Stauden den Vorteil, dass sie das ganze Jahr über präsent sind. Achten Sie jedoch darauf, dass die Solitärpflanzen nicht mittig stehen, sondern die Flächen in unterschiedlich große Bereiche gliedern. Solitäre können Sie noch auf andere Weise einsetzen: Mit ihnen lassen sich Terrassen, Sitzplätze oder Wegbiegungen effektvoll betonen.

Wiesen- und bandartige Pflanzungen

Steppenlandschaften beeindrucken durch ihre Weite und das elegante Spiel von Gräsern und Kräutern im Wind. Genauso ziehen uns sommerliche Blumenwiesen in ihren Bann. Bei beiden Vorbildern der Natur scheint die Regel von der Höhenstaffelung außer Kraft gesetzt: Wiesen- und steppenartige Pflanzungen entstehen, wenn Sie vielfältige Stauden und Gräser kombinieren, die sich nur wenig in ihrem Höhenwachstum unterscheiden. Solche Pflanzungen wirken ruhig und geben einem Kiesgarten Weite. Sie eignen sich in erster Linie für Gärten mit genügend großen Flächen. Wenn Sie bunte Blumenwiesen oder Steppen betrachten, werden Sie sehen, dass die Arten, die die Wiese zu ihrer Blütezeit prägen, mehrfach auftauchen. Auf die gleiche Weise entsteht im Garten ein einheitliches und bei näherer Betrachtung spannendes Bild, dessen Reiz im Miteinander verschiedener Pflanzengestalten mit ganz unterschiedlichen Strukturen, Texturen und Farben liegt.
Aus großem Abstand betrachtet, verschwimmen bei solchen Gestaltungen die Konturen der Einzelpflanzen oftmals zu einem diffusen Bild. Wenn Sie dies vermeiden wollen, empfiehlt es sich, Pflanzen bandartig nebeneinander anzuordnen. Derartige »Drifts« entstehen, indem sie mehrere Pflanzen einer Art gruppieren. Damit die Bänder nicht zu schematisch wirken, sollten sie unterschiedlich groß und verschieden geformt sein.
Oft ist es von Vorteil, wenn Sie einzelne, etwas höhere Gräser an die Schnittstellen zwischen den Drifts verschiedener Pflanzenarten setzen. Auf diese Weise entstehen fließende Übergänge zwischen den einzelnen Pflanzengruppen.

Einfach zu handhaben: erprobte Mischpflanzungen

Wollen Sie sich die aufwendige Planung sparen oder haben Sie erst wenig Erfahrung im Gärtnern, können Sie auf fertige Pflanzkonzepte zurückgreifen. Unter Namen wie »Silbersommer«, »Blütenwoge« oder »Purple Prairie« werden erprobte Pflanzenmischungen angeboten, die für Kiesgärten geeignet sind. Sie brauchen der Staudengärtnerei nur die Größe der Fläche des zu bepflanzenden Areals mitteilen und erhalten die passende Menge an Stauden samt Pflanzanleitung geliefert.
Wer mehr Erfahrung hat, wird natürlich lieber seine eigenen kreativen Ideen umsetzen.

Symphonie der Gräser

Die Zahl der Gräser in den Sortimenten der Gärtnereien wird immer größer. Dies mag zunächst verwundern, da sie nicht mit prunkvollem Blütenschmuck ins Auge stechen, sondern Blüten- und Fruchtstände in eher zurückhaltenden Farben besitzen. Doch sie haben andere Stärken: Es sind die Formensprache, die Eleganz des Blattspiels und der Halme sowie ihre lang anhaltende Schmuckwirkung über den Herbst hinaus, die Ziergräser zu begehrten Gartenpflanzen – auch im Kiesgarten – haben werden lassen. Überragen die Gräser die Nachbarpflanzen, sind sie in der Lage, als Leitpflanzen zu fungieren und den Rhythmus in Pflanzungen vorzugeben. In dem hier vorgestellten Ausschnitt einer großflächigen Pflanzung schafft dies das Garten-Sandrohr (*Calamagrostis × acutiflora* 'Karl Foerster') auf nahezu unverwechselbare Weise. Das schon früh austreibende Gras blüht bereits im Juni. Danach recken sich die verblühten Rispenäste nach oben und lehnen sich dicht an die Halme an. So entsteht ein straff aufrechtes Wuchsbild. Aufgrund dieses markanten, aufstrebenden Charakters kann das Garten-Sandrohr die Fläche gliedern. Wichtig ist bei freier Gestaltung, dass die einzelnen Pflanzen spannend zueinander angeordnet sind. In diesem gelungenen Beispiel stehen die Horste deshalb in unregelmäßigen Abständen zueinander. Ein einheitliches Gesicht erhält die gesamte Pflanzung, indem weitere Exemplare des Garten-Sandrohrs an anderen Stellen der Pflanzung auftauchen (diese liegen außerhalb des Bildausschnitts).

Bei der Bepflanzung Ihres Kiesgartens können Sie natürlich ebenso auf andere höherwüchsige Gräser wie das Riesen-Federgras *(Stipa gigantea)* zurückgreifen. Für kleinere Flächen eignen sich beispielsweise Atlas-Schwingel *(Festuca mairei)*, Blaustrahlhafer *(Helictotrichon*

Pflanzplan

Pflanzfläche ca. 5 × 3 m

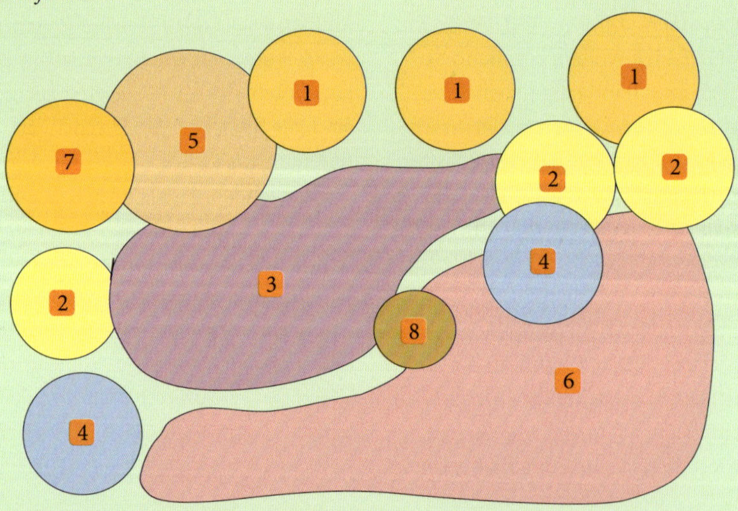

Pflanzliste

- **1** 3 Garten-Sandrohr (*Calamagrostis × acutiflora* 'Karl Foerster')
- **2** 2 Silberährengras *(Stipa calamagrostis)*
- **3** 18 Schecken-Knöterich (*Persicaria affinis* 'Donald Lowndes')
- **4** 2 Blauraute (*Perovskia* 'Blue Spire')
- **5** 1 Fünffingerstrauch *(Potentilla fruticosa)*
- **6** 5 Rote Spornblume (*Centranthus ruber* 'Coccineus')
- **7** 1 Neuseelandflachs (*Phormium* 'Amazing Red')
- **8** 3 Strandflieder *(Limonium latifolium)*

sempervirens) oder das im Bild als Begleiter zum Garten-Sandrohr eingesetzte Silberährengras *(Stipa calamagrostis)*. Damit diese Varianten die Leitfunktion übernehmen können, müssen sie jedoch die Pflanzpartner in der Wuchshöhe überragen.

Schlank und rund

Spannung entsteht in diesem Beispiel vornehmlich durch die unterschiedlichen Wuchscharaktere. Dem straff aufrechten Habitus des Garten-Sandrohrs sind bewusst rundliche Silhouetten gegenübergestellt. Als Begleiter dienen Fünffingerstrauch *(Potentilla fruticosa)*, Silberährengras und Blauraute (*Perovskia* 'Blue Spire'). Sie bilden einen ansprechenden Formkontrast zu dem dominierenden Gras. Auch diese Begleitpflanzen tauchen wiederholt auf. Als Flächenfüller dient der flachwüchsige Schecken-Knöterich (*Persicaria affinis* 'Donald Lowndes'). Er schmiegt sich an den Boden an und wertet das Ensemble auf.

Alternativen

Diese Pflanzung eignet sich auch für Flächen, die für einen Kiesgarten nicht optimal sind, weil der Boden frisch und etwas zu nährstoffreich ist. Auf typischen Kiesgartenböden sollten Sie bei Bedarf dungen und in längeren Trockenperioden gießen.Wenn Sie in Ihrem Garten eine solche Pflanzung anstreben, die Hitze und Trockenheit ohne zusätzliche Wassergaben übersteht, sollten Sie den Schecken-Knöterich durch Woll-Ziest, niedere Katzenminzen, Kleinblättriges Stachelnüsschen, Silberblatt-Ehrenpreis oder ähnliche flachwüchsige Stauden ersetzen. Und statt des Fünffingerkrauts greifen Sie besser auf Heiligenkraut, Gold-Garben oder Bartblumen zurück.

Oben: *Formal, aber nicht steif: Lavendel und in Form geschnittener Buchs laden zum Spaziergang ein.*

Rechts: *Frei angeordnete Gehölze in Kontrast zu in Blöcken gepflanzten Bart-Iris, Woll-Ziest und Bärenfell-Schwingel.*

In Reih und Glied: formale Gestaltung

Die regelmäßige oder formale Anordnung von Pflanzen passt zwar sehr gut zu moderner Architektur, sie ist aber keine Erfindung der Neuzeit. Ganz im Gegenteil – bereits die Architekten antiker Gärten machten von dieser Möglichkeit der Pflanzenverwendung Gebrauch. Und Renaissance- und Barockgärten stützten sich ausnahmslos auf die formale Anordnung von Pflanzen. Diese repräsentativen Gartenschöpfungen beinhalten gleichförmige Alleen, Bosketts (»Lustwäldchen«), exakt geschnittene Hecken und symmetrisch angeordnete Parterres. Sie zeigen einen strengen architektonischen Aufbau. Wie dem Wortsinn bereits zu entnehmen ist, liegen regelmäßigen Pflanzungen Regeln zugrunde. Grundsätzlich werden gleichartig aussehende Pflanzen – die oft in Form geschnitten werden – in gleichmäßigen Abständen platziert. So entstehen geradlinige Reihen oder gleichmäßig bewachsene geometrische Grundflächen. Für eine derartige Gestaltung sollten Sie für die einzelnen Elemente stets ein und dieselbe Pflanzenart und -sorte verwenden.

Gut in Form: geeignete Pflanzen

Weil sich Gehölze gut in Form schneiden lassen, kann man formale Pflanzungen sehr viel leichter mit ihnen verwirklichen als mit Stauden. Für einen Kiesgarten kommen jedoch nur wenige Arten infrage. Denn außer Buchs, Lorbeer-Schneeball und Wacholder gibt es kaum geeignete Sträucher, die einerseits Trockenheit akzeptieren und andererseits schnittverträglich sind. Bäume scheiden aus, da sie – in größerer Zahl eingesetzt – die Flächen eines Kiesgartens zu stark beschatten. Halbsträucher wie Lavendel, Schleifenblumen oder Heiligenkraut lassen sich dagegen gut in Reihen pflanzen und formieren. Natürlich können Sie auch durch die strenge Anordnung verschiedener Stauden formale Gartenszenerien schaffen. Da Stauden jedoch das Bestreben haben, sich auszubreiten, braucht es einigen Aufwand, um sie in Form und am zugedachten Ort zu halten.

Klarheit und Eleganz

Eine strenge, regelmäßige Anordnung von Pflanzen bedingt ein klares Ordnungsgefüge. Die daraus hervorgehenden Gartenszenerien wirken oftmals statisch, ja geradezu majestätisch. Dies war in königlichen und fürstlichen Barockanlagen des absolutistischen Zeitalters durchaus erwünscht.
In Ihrem Garten können Sie die starren Formen durch einen etwas weniger dogmatischen Umgang mit Pflanzen brechen, ohne dass die klare Struktur und Ausdruckskraft der Anlage verloren geht. Eine Anregung dazu gibt die hier vorgestellte Pflanzung.
Wie Säulen in einer gotischen Kathedrale streben die im Hintergrund gepflanzten und in Form geschnittenen Lebensbäume *(Thuja occidentalis)* nach oben. Sie geben den Takt vor, den Schwertlilien (*Iris pallida* 'Variegata' und *Iris* der Germanica-Gruppe) aufgreifen und fortsetzen. Die nach oben strebenden Wuchsformen der Thujen und Schwertlilien fungieren als ebenso imposante wie prägende Leitelemente, die von kompaktwüchsigen und lagernden Formen begleitet werden. Dieses Spannungsverhältnis bedingt, dass die Pflanzung trotz der regelmäßig wiederkehrenden Platzierung der einzelnen Pflanzenarten keine Langeweile aufkommen lässt.

Kräftige Kontraste

Über das gesamte Gartenjahr hinweg sorgen ferner die verschiedenartigsten Grün- und Grautöne sowie die weiße Panaschierung der Blätter für Abwechslung. Die schwarzgrüne Belaubung von Thuja und Latschen-Kiefern bildet mit dem weißen Rand der Blätter von *Iris pallida* 'Variegata' und den strahlenden Blüten der Feder-Nelken einen kraftvollen Hell-Dunkel-Kontrast. Durch die Kombination mit grauen, stumpfgrünen und grasgrünen Nuancen wird dem Gegensatzpaar Schwarz-Weiß die Härte genommen. Es entsteht

Pflanzplan

Pflanzfläche ca. 5 × 3 m

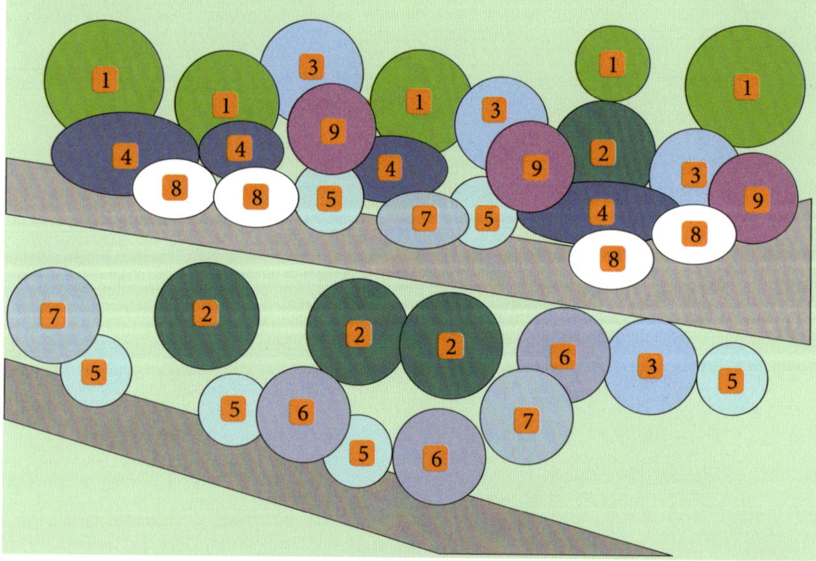

Pflanzliste

1. 5 **Lebensbaum** (*Thuja occidentalis* 'Smara
2. 4 **Latschen-Kiefer** (*Pinus mugo* 'Mini Mop
3. 20 **Bart-Iris** (*Iris* Germanica-Gruppe)
4. 12 **Schopf-Lavendel** (*Lavandula stoechas,* i kühleren Regionen besser *L. angustifolia*)
5. 30 **Weißbunte Bart-Iris** (*Iris pallida* 'Variega
6. 15 **Gewöhnlicher Lavendel** (*Lavandula ang folia* 'Hidcote Blue')
7. 30 **Weißbunter Zitronen-Thymian** (*Thymus × citriodorus* 'Silver Queen')
8. 12 **Feder-Nelke** (*Dianthus plumarius* 'Maischnee')
9. 6 **Pracht-Pfingstrose** (*Paeonia* Lactiflora-Gruppe)

eine abwechslungsreiche Bepflanzung. Zu ihrer Lebendigkeit tragen – für viele Betrachter fast unmerklich – die Texturunterschiede der verschiedenen Pflanzen bei (→ Seite 58/59). Während weißbunter Zitronen-Thymian und Lavendel leicht und zierlich wirken, stellen Pfingstrosen und Schwertlilien gewichtigere Gegenpole dar. Die barocken Blütenformen von Bart-Iris und Pfingstrosen lassen die Pflanzung heiter wirken. Gepaart mit der Regelmäßigkeit der Pflanzenanordnung entwickelt sich auf diese Weise ein Gartenbild, das eine feierliche Eleganz ausstrahlt.

Die Ordnung bewahren

Eine derartige Pflanzung sollten Sie nicht nur sorgfältig planen, sondern auch über Jahre hinweg gewissenhaft pflegen. Letztlich geht es darum, das angedachte Bild möglichst exakt in die Realität umzusetzen. Die Bildung von Sämlingen ist dabei gleichermaßen unerwünscht wie die überstarke Ausbreitung einzelner Pflanzen. Hat die Pflanzung ihren Höhepunkt erreicht und zeigt das angestrebte Aussehen, gilt es diesen Zustand über einen möglichst langen Zeitraum hinweg zu bewahren. Eine dynamische Entwicklung, die in freien Pflanzungen dem eigenen Gusto folgend zugelassen werden kann, ist hier nicht erwünscht.

Neben der üblichen Entfernung von Unkräutern sollten Sie also darauf achten, dass Sie die Bart-Iris im Zaum halten, wenn Sie sich zu breit macht, den Lavendel regelmäßig schneiden und die abgeblühten Blütenstände aller Pflanzen rechtzeitig entfernen. Auf diese Weise sieht die Pflanzung nicht nur immer gepflegt aus, sondern Sie verhindern, dass sich einzelne Pflanzen ungezügelt vermehren. So bleiben Rhythmik und Charakter der Pflanzung langfristig bewahrt.

Ordnung und Rhythmik

Vielleicht ist es Ihnen selbst schon einmal so ergangen: Ein Pflanzenliebhaber hat Sie begeistert durch seinen Garten geführt und erlesene Pflanzenschätze vorgestellt. Doch etwas ist seltsam: Trotz seines Enthusiasmus und der Vielfalt faszinierender Kleinode aus dem Reich der Gehölze, Stauden und Zwiebelblumen hat Ihnen der Garten nicht wirklich gefallen. Das Zusammenspiel der einzelnen Formen war aus irgendeinem Grund nicht stimmig, obgleich Sie zahlreiche Pflanzenarten und -sorten wunderschön fanden. Solche Erlebnisse haben meist ein und dieselbe Ursache: Sie sind darauf zurückzuführen, dass eine große Zahl unterschiedlichster Gewächse planlos nebeneinandergepflanzt wurde. So entsteht häufig ein wirres, etwas konfus erscheinendes Bild. Das ist kein Wunder: Aufgrund des knappen Platzes im Garten scheint die Sammelleidenschaft häufig kein strukturiertes Bild zuzulassen. Und für wahre Enthusiasten hat die Einzelpflanze oft Vorrang vor der Gesamtgestaltung.

Auch im Kiesgarten besteht die Möglichkeit, die unterschiedlichsten wärmeliebenden Pflanzen zu sammeln. Die Fülle geeigneter Formen ist enorm – allein das Lavendelsortiment umfasst mehr als 50 verschiedene Sorten. Wenn Sie Ihren Kiesgarten jedoch ansprechend gestalten und einem überzeugenden Gesamtbild Ihres Gartens den Vorzug vor einer unermesslichen Vielfalt ausgefallener Gartenpflanzen geben wollen, sollten Sie anders vorgehen und klare Strukturen anstreben. Das heißt nun keinesfalls, dass Sie sich auf wenige Arten und Sorten beschränken sollen oder auf ungewöhnliche Exemplare verzichten müssen, obwohl die Fülle aufgrund von Wiederholungen von einzelnen Pflanzen in der Fläche zwangsläufig hinter der eines reinen Sammlergartens zurückbleiben wird.

Unten: *Links und rechts des Wegs gepflanzte Lavendelbüsche und die Horste des dynamischen Silberährengrases verbinden die durch den Weg getrennten Flächen. Der Blick wird durch die rhythmische Wiederholung dieser auffälligen Gestalten durch den Garten geführt. Trotz der großen Pflanzenvielfalt wirkt der Garten nicht wirr, sondern klar und strukturiert.*

Klare Gliederung erwünscht

Überlegen Sie vorab, welche Farb-, Form- und Texturspiele umgesetzt werden sollen: Mögen Sie kühle blaugrüne Farbtöne oder lieber warme Farben? Soll die Pflanzung von hohen, schlanken Formen beherrscht werden oder von runden, sanften Pflanzengestalten? Soll der Kiesgarten ein zartes, im Sonnenlicht flirrendes Bild bieten, oder sollen kräftige Pflanzen dominieren? Denn eine bewusste Gestaltung heißt auch im freien Umgang mit Pflanzen »ordnen und wiederholen«.

Leitstauden greifen dabei das angedachte Thema der Pflanzung – eine ausgeklügelte Farbgebung, ein abwechslungsreiches Spiel mit Formen und Texturen – auf. Sie verleihen dem Garten

Struktur. Es ist gut, wenn diese dominierenden Pflanzen, die das Terrain über einen langen Zeitraum hinweg beherrschen, weil sie größer und höher werden als ihre Pflanzenpartner, mehrfach in der Pflanzfläche auftauchen. Meist genügt es, wenn Sie von diesen prägenden Gestalten nur einige wenige Exemplare einsetzen. Je nach Größe der Fläche platzieren Sie die Leitstauden an drei, vier, fünf oder in größeren Räumen an noch mehr Stellen. Variieren Sie dabei die Abstände zwischen den einzelnen Exemplaren. Wichtig ist, dass immer genügend Platz zwischen den Leitstauden bleibt. Diesen nehmen dann niedrigere Begleitpflanzen, Füllpflanzen sowie Zwiebel- und Knollenpflanzen ein.

Im Takt der Jahreszeiten

Auf größeren Flächen können Sie verschiedene Leitstauden auswählen, die dann in bestimmten Jahreszeiten Akzente setzen. Beispielsweise ist es denkbar, dass im Frühjahr Junkerlilien *(Asphodeline lutea)* die Pflanzflächen gliedern, bevor im Sommer Kugeldisteln *(Echinops ritro)* und im Herbst attraktive Gräser wie Prärie-Bartgras *(Schizachyrium scoparium)* oder Silberährengras *(Stipa calamagrostis)* die Regentschaft übernehmen. Begleitpflanzen sollen das von den Leitelementen vorgegebene Thema aufgreifen und fortsetzen. Sie sind weniger hoch und ergänzen die Leitstauden farblich oder sorgen durch einen andersartigen Wuchscharakter für Abwechslung. Dazu gesellen sich einige ergänzende Pflanzen, die bereits vor oder erst nach den Leitstauden blühen und so die Pflanzung über einen längeren Zeitraum hinweg attraktiv erhalten. Kurzlebige, doch lang blühende Vagabunden wie Spornblumen, Kronen-Lichtnelke oder Muskateller-Salbei können als Lückenfüller ebenfalls einen wichtigen Beitrag dazu leisten. Zwiebel- und Knollenpflanzen dienen oftmals als Vorläufer, die schon früh im Jahr kräftige Farbtupfer liefern.

Die richtige Mischung

Ein Tipp zum Schluss: Beim Aufbau von Pflanzungen, die ein klares Ordnungsgefüge zeigen sollen, verwendet man höhere Pflanzen in geringerer und niedrigere Pflanzen in höherer Zahl. Mengenmäßig sollen also niedrige bodendeckende Pflanzen im Vordergrund der Flächen den höchsten Anteil der verwendeten Pflanzen ausmachen.

Links: *In diesem Kiesgarten geben Mittelmeer-Wolfsmilch und Heiligenkraut im Frühjahr den Takt vor. Später im Jahr übernehmen großwüchsige und wuchtigere Stauden wie Riesenschleierkraut die Führungsrolle.*

Rechts: *Bergminzen, Edeldisteln und Federgräser tauchen mehrfach in der Pflanzung auf und scheinen ineinander verwoben zu sein. Oft genügen wenige Pflanzenarten, um Gartenbilder zu schaffen, die wie ein Gemälde wirken.*

Klassisch und doch modern

In vielen englischen Staudenrabatten – den traditionellen »Borders« – werden Stauden ihrer Höhe nach geordnet in bandartigen Strukturen gepflanzt. Man verwendet dabei vornehmlich gezüchtete Gartenstauden in verschiedenen Sorten. In vielen Kiesgärten folgt man bei der Verwendung der Pflanzen dagegen natürlichen Vorbildern wie Steppen, Garigues oder Prärien. Deshalb werden hier nur selten prunkvolle Zuchtformen eingesetzt. Meist dominieren Wildstauden – züchterisch nicht veränderte Arten oder Auslesen natürlicher Formen. Auch geht man bei der Gestaltung freier vor, zumal naturalistische Bilder modern und zeitgemäß sind.

Wie das vorgestellte Beispiel zeigt, können jedoch klassische Ansätze ebenso überzeugende Lösungen anbieten.

Die Pflanzung wurde in einem geschlossenen Gartenraum realisiert. Locker aufgebaute, frei wachsende Hecken begrenzen das Terrain. Sie sind sozusagen die Wände, vor denen sich die Konturen und Farben der Pflanzung deutlich abzeichnen. Gleichzeitig unterbinden sie den Blick in andere Gartenbereiche, sodass die Pflanzung nicht mit Arrangements in benachbarten Gartenbereichen konkurriert.

Bei der Anordnung der Pflanzen ist eine klassische Höhenstaffelung zu erkennen: Die hohen Pflanzen sind im hinteren Teil der Fläche angeordnet. Nach vorne nimmt die Höhe der Stauden ab. Einzelne Arten wie die Große Fetthenne (*Sedum* 'Herbstfreude') wurden flächig gepflanzt. Sie bilden lang gestreckte Drifts, die auch noch aus größerer Entfernung sehr gut zu sehen sind. Andere Formen wie Blau-Schwingel *(Festuca glauca)* wiederholen sich rhythmisch. Die Blauraute *(Perovskia atriplicifolia)*, die als dominierender Halbstrauch in Erscheinung tritt, ist in diesem Bildausschnitt zwar nur an einer Stelle zu sehen, taucht in der gesamten Pflanzung aber mehrfach auf. So erhält das Gartenzimmer eine in sich stimmige »Möblierung«.

Pflanzplan

Pflanzfläche ca. 5 × 3 m

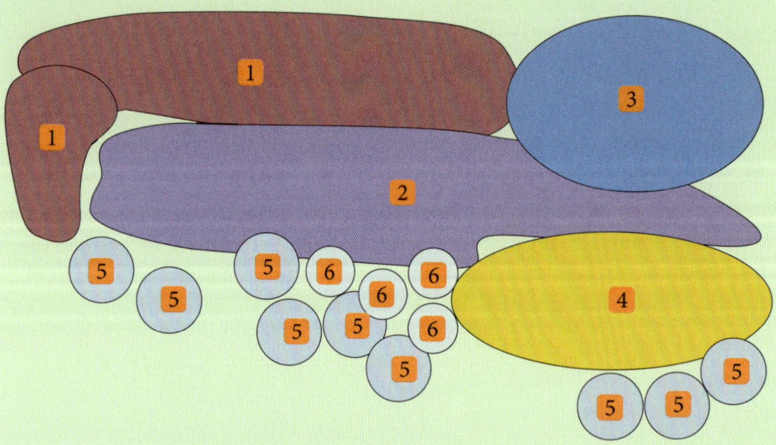

Pflanzliste

1 12 **Große Fetthenne** (*Hylotelephium* (syn. *Sedum*) 'Herbstfreude')

2 12 **Katzenminze** (*Nepeta racemosa* 'Superba')

3 3 **Blauraute** *(Perovskia atriplicifolia)*

4 3 **Gold-Garbe** (*Achillea filipendulina* 'Coronation Gold')

5 20 **Regenbogen-Schwingel** *(Festuca amethystina)*

6 8 **Blau- Schwingel** *(Festuca glauca)*

Dynamische Formen

Das reizvolle Formenspiel zwischen den aufstrebenden Rispen der Blauraute, den horizontal ausgerichteten Blütenschirmen von Gold-Garbe und Großer Fetthenne sowie die Dynamik der sich bogenförmig überneigenden Grashalme bereichern die Szenerie. Derart lebendig gestaltet, wirkt die Pflanzung noch außerhalb der Blütezeit ansprechend und niemals langweilig. Da die verwendeten Arten sehr standfest und dauerhaft sind, offenbart sich sogar im Winter ein schönes Bild – wenn man sich mit dem Rückschnitt der Pflanzen bis zum Ende des Winters Zeit lässt.

Blüten von Frühjahr bis Herbst

Gerade kleine Flächen sind nicht leicht so zu bepflanzen, dass das ganze Gartenjahr über etwas blüht. Nur einige jahreszeitliche Höhepunkte können dann mit einer wirkungsvollen Farbgebung betont werden. In diesem Beispiel ergeben zur Hauptblütezeit die Komplementärfarben Blau und Gelb einen prägnanten Kontrast. Die Komposition punktet jedoch im Laufe des Jahres mit verschiedenartigen Farbaspekten. Im Herbst herrschen warme Töne vor. Die bräunlichen Halme der Gräser harmonieren zu dieser Zeit mit den dann kupferrot verfärbten Blütenschirmen der Großen Fetthenne und den bräunlichen Fruchtständen der Gold-Garbe. Damit die Pflanzung bereits im zeitigen Frühjahr attraktiv aussieht, sollten Sie verschiedene Zwiebel- und Knollenpflanzen einfügen. Zwiebel-Iris liefern schon im März erste Farbtupfer, bevor im April Tulpen für heitere Aspekte sorgen. Damit diese Zwiebelpflanzen ungestört einziehen können und der Anblick nicht durch vergilbendes Laub gestört wird, platzieren Sie die Zwiebeln zwischen die Staudenhorste.

Oben: *Runzliger Ziest und Purpursonnenhut bezaubern durch ein harmonisches Farbenspiel.*

Rechts: *Eine verlässliche Kombination: gelb und blau blühende Pflanzen. Der Kontrast gefällt fast immer.*

Farbe im Kiesgarten

Farbe lädt zum Experimentieren ein – auch im Kiesgarten. Dabei zeigen nicht nur Blüten leuchtende oder gedämpfte, helle oder dunkle, warme oder kalte Tönungen. Fruchtstände und Blätter ergänzen den Farbreigen, obgleich sie meist etwas zurückhaltender auftreten. Es sind vor allem die grau-silbrigen und hell-bläulichen Schattierungen der Blätter, die den Farbaspekt im Kiesgarten entscheidend prägen. Sie sind nicht nur elegant, sondern wirken vermittelnd, indem sie Dissonanzen zwischen heiklen Farbkombinationen abmildern. Deshalb sind sie eine hervorragende Ergänzung zu vielerlei Farbkompositionen. Außerdem gewinnen die meisten Blüten im Umfeld grauer Töne an Leuchtkraft. Und der Charme einfarbig weißer Gärten ist ohne das sanfte Silberkolorit von Pflanzen wie Woll-Ziest, Kretischer Schwarznessel oder Beifuß-Arten kaum vorstellbar.

Bunt oder monochrom?

In kleineren Kiesgärten ist eine monochrome Farbgestaltung denkbar, denn kleine Flächen werden durch zu viele Farben schnell überfrachtet. Monochrome Gärten verwenden zwar ausschließlich Blüten in einem Farbton, variieren aber dessen Helligkeit und Leuchtkraft. Solche Pflanzungen wirken besonders schön, wenn sie räumlich abgegrenzt sind und die verwendeten Arten ein abwechlungsreiches Textur- und Formenspiel aufweisen.
Größere Flächen vertragen mehr Farbe. Doch Vorsicht: Je mehr Farbtöne Sie verwenden, desto schwieriger gelingt die Komposition. Meist ist es besser, sich von Anfang an entweder auf kontrastreiche (→ Seite 46) oder harmonische (→ Seite 50) Konzepte festzulegen. Auf großen Flächen können Sie zu unterschiedlichen Jahreszeiten sogar verschiedene Farbkombinationen anstreben.
Doch unabhängig davon, wie Sie Ihren Kiesgarten farblich gestalten wollen, bedenken Sie, dass Farbe nur ein Aspekt ist. Schon wegen der Vergänglichkeit von Blüten – Dauerblüher gibt es unter den Kiesgartenbesiedlern nur wenige – sollten Sie stets Form, Struktur und Textur der Pflanzen berücksichtigen.

Lebhafte Kontraste

Gegensätze ziehen sich an! Auch wenn dieses geflügelte Wort wohl nicht immer zutrifft, so scheint es sich doch im Umgang mit Farben zu bewahrheiten. Denn durch Kontraste werden ebenso lebhafte wie spannende Bilder geschaffen. Dazu bieten sich ganz unterschiedliche Möglichkeiten an: die gemeinsame Verwendung von kaltem und warmem Kolorit, der Wechsel von hellen und dunklen Tönen oder das Zusammenspiel von Komplementärfarben. Bei letzterer Variante setzt man Farben ein, die sich extrem voneinander unterscheiden, beispielsweise Blau und Gelb, Grün und Rot oder Schwarz und Weiß. Bei der Mischung derart gegensätzlicher Farbtöne würde stets derselbe Grauton entstehen.
Wenn Sie Pflanzen in solchen Komplementärfarben kombinieren möchten, müssen Sie sich jedoch nicht strikt an diese Gegensatzpaare halten. Vielmehr sind – in Maßen – Abweichungen von der Theorie erlaubt, solange daraus stimmige Farbkompositionen resul tieren.
Es ist also kein Fehler, wenn Sie anstelle von Gelb Orange als Partner von Blau verwenden oder blauviolette Blüten zu gelben pflanzen – die Wirkung der ausdrucksstarken Kombination wird auch dann noch überzeugend sein. Da Kiesgärten voll von der Sonne beschienen werden, besteht die Gefahr, dass helle Farben an strahlungsreichen Tagen verschwimmen. Intensive Farben wirken dagegen vor allem über die Mittagsstunden hinweg beständiger. Vor einem zu aufdringlichen Erscheinungsbild prägnanter Komplementärkontraste brauchen Sie keine Angst zu haben. Denn im Kiesgarten gesellen sich dem Farbspiel der Blüten stets neutrales

Blattgrün und seine silbrigen Varianten hinzu, die einem überbordenden Farbenrausch entgegenwirken.
Wenn Sie sich überwiegend in den Morgen- und Abendstunden im Garten aufhalten, lassen sich befriedigende Komplementärkontraste aber auch mit helleren Nuancen erzielen. Auf dunkle Töne sollten Sie im Übergang zu Gehölzpflanzungen möglichst verzichten. Denn sie lassen schattigere Partien düster und schwer erscheinen.

Stimmige und gefährliche Kombinationen

Bei der Gestaltung von Pflanzungen scheint üppige Buntheit oft ein verlockendes Konzept zu sein. Doch je mehr Farben Sie in einer Pflanzung verwenden, desto größer ist die Gefahr von »Farbunfällen«. Deshalb ist weniger oft mehr. Bisweilen reicht es aus, sich auf wenige Farben zu beschränken. Schon der Zweiklang eines kalten und warmen Tons kann zu reizvollen Bildern führen. Flammendes Scharlachrot zu kühlem Blau, leuchtkräftiges Orange zu entrücktem Blauviolett oder helles Gelbgrün zu kräftigem Karminrot – die Möglichkeiten, spannungsvolle und mitreißende Kontraste zu schaffen, sind vielfältig.
Doch nicht jede Kombination aus kaltem und warmem Kolorit vermag zu überzeugen. Besonders die Mischung aus Orange oder Goldgelb mit rosafarbenen oder karminroten Schattierungen wirkt oft allzu plakativ und wenig überzeugend. Diese Dissonanzen vermögen selbst die neutralen Grautöne der Blätter von Silberraute, Hornkraut, Lavendel und vielen anderen Stauden oder Halbsträuchern nicht zu glätten. Doch auch die Gemeinschaft violetter und lilafarbener Nuancen mit reinem Blau oder das Miteinander von kalten und warmen Rottönen ergibt nur selten eine glückliche Liaison. Selbst wenn Sie sich bei der Gestaltung Ihres Kiesgartens beim Arrangement von Blütenfarben auf einen Zweiklang beschränken, entstehen durch silbergraue Blätter oft ganz von selbst stimmige Farbspiele. Klassische Dreiklänge können Sie jedoch auch ganz bewusst erzeugen, indem Sie einer ansprechenden Kombination von kalten und warmen Farben eine neutrale hinzufügen. Selbst eine so einfache Mischung wie die gelber, blauer und weißer Blüten wirkt immer bestechend. Eine gleichermaßen zuverlässige Wirkung hat die Kombination von Lila mit Orange und Grau. Die warmen Töne besitzen eine höhere Leuchtkraft und treten stärker in den Vordergrund. Es empfiehlt sich daher, blau oder violett blühende Pflanzen in größerer Zahl zu verwenden und die gelb oder orangefarbenen Vertreter etwas zurückhaltender einzusetzen.

Hell und dunkel

Herausfordernde Bilder entstehen ebenso durch ausgeprägte Hell-Dunkel-Kontraste, in der extremsten Ausprägung von Schwarz und Weiß. Trotz aller Bemühungen von Züchtern ist es bisher nicht gelungen, Sorten mit schwarzen Blüten oder Blättern zu bekommen. Doch bereits der Wechsel von tiefvioletten mit weißen oder zartgelben Blüten, das Miteinander von kräftig karminroten und zartrosa Blüten oder das Zusammenspiel heller und dunkler Blätter erzeugen Spannung. In künstlerisch gestalteten Kiesgärten sind Ihrer Fantasie im Umgang mit solchen Kontrasten keine Grenzen gesetzt. Im naturnahen Kiesgarten dagegen wirken bereits kräftig purpurfarbene Blatttönungen fremd. Es ist ein Fingerzeig, dass Sie Stil und Farbgebung Ihres Kiesgartens sorgfältig aufeinander abstimmen sollten.

Links: *Ein klassischer und zugleich überzeugender Dreiklang: Die Kontrastfarben Orange (Fackellilie) und Blau (Katzenminze) werden durch Weiß (Knollen-Rüsterstaude) ergänzt.*

Unten: *Aufregender Gegensatz: das zarte Grüngelb von Herbstkopfgras und Brandkraut und das kräftige Purpurrot von Dost und Indianernesseln.*

Farbdreiklang im Frühjahr

Wenn ein Künstler sich zufrieden zurücklehnt und wohlwollend sein Werk betrachtet, ist das Bild vollendet. Ist der letzte Rest der frischen Farbe getrocknet, so behält das Kunstwerk über Jahre hinweg sein Aussehen.
Im Garten hingegen ist nichts beständiger als der Wandel. Dies trifft sowohl für das Erscheinungsbild im Jahreslauf als auch für die Entwicklung der Pflanzung über Jahre hinweg zu. Dabei lässt sich das jahreszeitliche Geschehen mit einer Theateraufführung vergleichen. Die kulissenbildenden Gehölze zeigen in den einzelnen Akten ein unterschiedliches Aussehen. Im Frühjahr dominieren frische und zarte Tönungen, im Sommer satte Farben. Im Herbst wandelt sich das Bild nochmals und bringt oft berauschende gelbe, orangefarbene oder rote Pigmente zum Vorschein, bevor im Winter das Geäst der sommergrünen Bäume und Sträucher die Szene prägt. Die Farbgebung der Kulisse wird demnach durch Blüten- und Fruchtschmuck, von den wechselnden Tönungen des Laubs und der Farbe von Stämmen und Zweigen bestimmt

Bühne frei für Lavendel & Co.

Wie Schauspieler auf einer Bühne übernehmen einzelne Halbsträucher, Stauden und Zwiebelpflanzen unterschiedliche Rollen. Lavendel, Salbei, Heiligenkraut und andere sind Hauptdarsteller. Sie sind lange Zeit präsent – und meist erhalten sie den größten Applaus. Andere wie Tulpen, Zwiebel-Iris oder Traubenhyazinthen geben ein kurzes Stelldichein. Oft erheitern sie ihr Publikum durch farbfrohe Blütengewänder. Weitere Nebendarsteller ordnen sich den Stars unter – aber ohne sie wüsste das Ensemble nicht zu überzeugen. Es ist ein Kommen und Gehen, auf der Bühne herrscht Bewegung. Bilder einer Pflanzung sind daher ebenso Momentaufnahmen wie Fotos einer Theateraufführung.

Pflanzplan

Pflanzfläche ca. 3 × 3,5 m

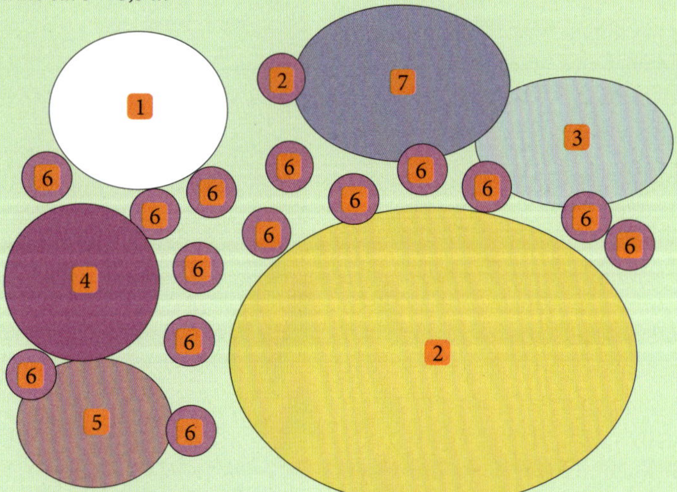

Pflanzliste

- 1 — 1 **Elfenbein-Geißklee** (*Cytisus × praecox* 'Albus')
- 2 — 3 **Stein-Ginster** (*Genista lydia*)
- 3 — 5 **Katzenminze** (*Nepeta* 'Six Hills Giant')
- 4 — 3 **Purpur-Salbei** (*Salvia officinalis* 'Purpurascens')
- 5 — 3 **Pracht-Fetthenne** (*Sedum spectabile*)
- 6 — 15 **Persischer Lauch** (*Allium aflatunense* 'Purple Sensation')
- 7 — 3 **Knollen-Brandkraut** (*Phlomis tuberosa* 'Amazone')

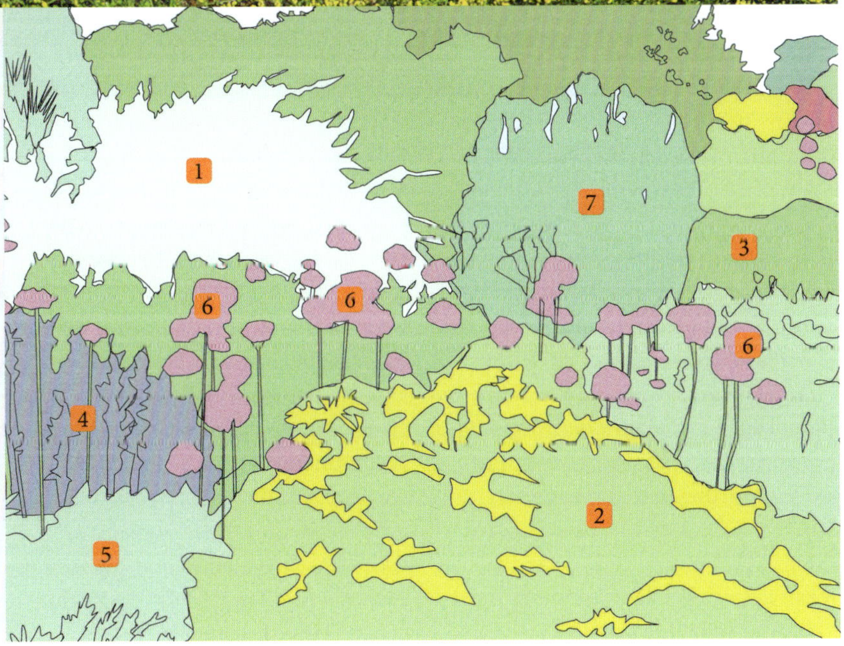

Purpur, blauviolett und gelb

Das Bild zeigt die Pflanzung im Mai. Zu dieser Zeit tritt eine Reihe des Persischen Lauchs (*Allium aflatunense* 'Purple Sensation') als Komparsen auf. Die wohlgeformten kugelförmigen Blütenstände in intensivem Purpurviolett stehlen den anderen Pflanzen fast die Schau. Doch der Zauber verblasst bald: Nach ihrer Blütezeit präsentieren sich die Fruchtstände grün, bevor sie zur Samenreife einen strohigen Ockerton zeigen.

Das Purpurviolett der Lauchblüten findet sich im Laub des Purpur-Salbeis (*Salvia officinalis* 'Purpurascens') wieder. Der immergrüne Halbstrauch ist das ganze Jahr über attraktiv. Im Frühjahr, wenn neue Blätter austreiben, zeigen die Pflanzen ihre größte Farbintensität. Im Vorsommer schmücken dann blauviolette Lippenblüten, die gut mit dem lang anhaltenden Flor der Katzenminzen (*Nepeta* 'Six Hills Giant') korrespondieren. Im Zusammenspiel von Lauch und Salbei mit den gelben Blüten des bodendeckenden Stein-Ginsters *(Genista lydia)* entsteht ein ausdrucksstarker Kontrast. Blütenwolken einer weiß blühenden Sorte des Elfenbein-Geißklees (*Cytisus* × *praecox* 'Albus') erweitern das Farbspiel zu einem gefälligen Dreiklang.

Doch der üppige Blütenreigen ist vergänglich. Schon im Sommer folgt dem stürmischen Crescendo des Frühlings ein ruhigeres Piano. Auch wenn die Farbigkeit nachlässt, sorgen die verschiedenen Wuchsformen weiterhin für ein ansehnliches Bild. Der Rhythmus unterschiedlicher Pflanzenhöhen und ein abwechslungsreiches Spiel der Texturen lassen diesen Kiesgarten das ganze Jahr lebendig erscheinen. In kühleren Regionen sollten Sie Purpur-Salbei, Geißklee und Ginster im Winter schützen, damit Sie sich lange an der jährlichen Blütenpracht erfreuen können.

Links: *Nahe verwandte Purpur- und Rosatöne verleihen dieser Pflanzung vollendete Harmonie.*

Unten: *Vornehm und zart: Im einfarbig weißen Garten bringt Silberlaub weiße Blüten zum Leuchten.*

Harmonie – kühl oder warm

Im Gegensatz zu spannungsreichen Kontrasten, die auf dem Gegensatz unterschiedlicher Partner beruhen, entsteht Harmonie durch ein sanftes Miteinander verträglicher Farben. Während kontrastreiche Bilder belebend, herausfordernd, mitunter sogar unangenehm wirken können, werden harmonische Kompositionen als ausgeglichen und angenehm empfunden. Bei Störung des Gleichklangs sprechen wir von Disharmonie, sie ruft beim Betrachter Ablehnung hervor.

Im Garten können Sie harmonische Farbkombinationen erzielen, indem Sie Pflanzen auswählen, deren Blütenfarben eng verwandt sind und auf dem Farbkreis unmittelbar ineinander übergehen. Beispielsweise können Sie kräftig gelbe und orangefarbene Farbtöne kombinieren oder karminrote und lilafarbene. Sie werden dadurch jeweils in sich stimmige und dennoch sehr verschiedenartige Pflanzungen schaffen, denen eine höchst unterschiedliche Ausstrahlung zu eigen ist. Während Farbgemeinschaften mit kalten Tönen kühle, distanzierte Wirkung besitzen, können Sie mit warmen Farbkombinationen leuchtkräftige und in den Vordergrund strebende Bilder verwirklichen. Durch entsprechende Arrangements können Sie sogar die Raumwirkung Ihres Gartens beeinflussen: Pflanzungen im kalten Kolorit verleihen Tiefe und Weite, die Fläche erscheint größer. Warme Töne signalisieren dagegen Nähe. Ein derart ausgestatteter Raum wirkt kleiner.

Wenn Sie sich bei der Gestaltung Ihres Kiesgartens für eine harmonische Farbgebung entschließen, brauchen Sie sich keinesfalls auf zwei Farben zu beschränken. Es ist jedoch hilfreich, wenn Sie entscheiden, ob Sie kühlen oder warmen Farben den Vorzug geben wollen. Innerhalb eines Spektrums können Sie dann Zweiklänge zu Drei- oder Vierklängen erweitern. Gelb und Orange lassen sich wirkungsvoll durch lichtes Lindgrün oder kräftiges Scharlachrot ergänzen. Und natürlich passen auch bräunliche und andere warme Zwischentöne zu diesen sonnig-warmen Farben, wie beispielsweise die strohfarbenen Halme fruchtender Gräser.

Eine Frage der Dosis

Abhängig von ihrer Wirkung sollten Sie Farben bewusst einsetzen. Manche verwendet man besser nur dosiert, weil sie im Übermaß andere Töne in den Schatten stellen. So ist leuchtendes Scharlachrot die wärmste und intensivste Farbe. Sie signalisiert Feuer und ist überaus vital. Im Garten sollten Sie Scharlachrot deshalb vorsichtig und nicht in zu großer Menge einsetzen, da andere Farben sonst untergehen.
Gelb wiederum ist die Farbe des Lichts. Sie besitzt hohe Leuchtkraft und spiegelt die Sonne wider. Kombinationen aus warmen Farben mit leuchtkräftigen, nicht gedämpften Tönen sind charakteristische Farben des Sommers. Sie wirken noch in den Mittagsstunden sonniger Tage überzeugend, wenn helle und kühle Farbkombinationen längst zu zerfließen scheinen. Arrangements in kalten Tönungen hingegen verleihen dem Garten zurückhaltenden Charme. Als kühlste Farbe weckt Blau Assoziationen an die Weite des Meers und des Himmels. Blaue Blüten sind deshalb in der Gartengestaltung überaus begehrt. Bei ansprechender Anordnung ergeben sich romantische, fast verträumte Gartenbilder von großer Weite. Am besten wirken sie bei gedämpftem Licht – am Morgen, in der Abenddämmerung oder an bewölkten Tagen.
Schöne Farbverläufe mit kühler Wirkung lassen sich auch durch die Abfolge von Lila zu Karminrot und die Aufhellung von Rosa zu Weiß erzielen. Zusammen mit den Grauabstufungen des Laubs von Halbsträuchern und Stauden wirkt diese Kombination im Kiesgarten erhaben und edel.

Oben: *Warm und wirkungsvoll: Durch die Kombination von Orange- und Rottönen mit leuchtkräftigem Gelb entstehen Gartenbilder, die an lodernde Flammen erinnern und eine heitere Ausstrahlung besitzen.*

Von zart bis kräftig

Harmonische Farbkombinationen entstehen ebenfalls, wenn Sie nur einen einzigen Farbton verwenden, diesen aber in leuchtenden oder gedämpften Nuancen und Abstufungen bis hin zu reinem Weiß. So wirken die magentafarbenen Blüten des Aschgrauen Storchschnabels (*Geranium cinereum* ‘Splendens’) im Verbund mit kräftigem und zartem Pink verschiedener Thymian-Sorten sowie den weißen Blütenwolken des Schleierkrauts sehr romantisch. Perfekt sind solche Ton-in-Ton-Kombinationen, wenn die einzelnen Tönungen sanft ineinander übergehen. Solche Farbspiele lassen sich natürlich mit unterschiedlichstem Kolorit betreiben – zum Beispiel von Dunkel- über Hellblau bis hin zu Weiß oder von kräftigem Gelb über verschiedene Zwischenstufen bis zu Weiß.

Liaison von Silber und Blautönen

Alle Theorie ist grau – oder eben eintönig! Wird von einer »grauen Maus« gesprochen, ist keine schillernde Persönlichkeit zu erwarten. Und um das Image »grauer Städte« ist es auch nicht zum Besten bestellt. Grau gilt eben allgemein als etwas langweilig, bieder und verstaubt. Silber dagegen wirkt edel. In genau diesem Spannungsfeld bewegt sich die Verwendung graulaubiger und silberfarbener Pflanzen im Garten. Und die gibt es für den Kiesgarten zuhauf, sind doch zahlreiche Halbsträucher und Stauden durch filzige Behaarung oder weißliche Bereifung besonders gut an die trocken-heißen Bedingungen ihres Lebensumfelds angepasst (→ Seite 26–29). Als neutrale Pflanzenfarben sind sie wichtig und bisweilen unentbehrlich. Sie unterstreichen die Wirkung anderer Farben, bringen das Kolorit der Nachbarn und die eigenen Blütenfarben zum Leuchten. Doch alleine für sich wirkt Grau nur selten spannend. Eine Ausnahme ist die Elfenbeindistel, die sich in der hier vorgestellten Pflanzung fast herrschaftlich gebart. Sie ist eine faszinierende Gestalt, die durch ihre silbernen Hochblätter und ihren eigenwilligen Charakter edel wirkt. Als zweijährige Art lässt sie sich jedoch nicht in ein festes Korsett einer Pflanzung zwängen. Immer für eine Überraschung gut, tritt sie durch Selbstaussaat mal hier, mal dort auf. Wo sie Platz findet, ist sie ein gern gesehener Nachbar. In dieser Pflanzung verhilft sie dem klaren Ultramarinblau der Schmucklilie *(Agapanthus)* zu Glanz. Die aus Südafrika stammenden Stauden verlangen in kalten Wintern allerdings nach Schutz. Wenn Ihnen das zu aufwendig ist, finden Sie mit Sorten des Sommer-Salbeis *(Salvia nemorosa)* oder der Duftnessel (*Agastache rugosa* 'Blue Fortune') passende Alternativen. Der Charakter der Komposition würde sich durch deren aufstrebenden Wuchs und die weniger reine Blautönung der Blütenkerzen allerdings etwas verän-

Pflanzplan

Pflanzfläche ca. 2 × 2 m

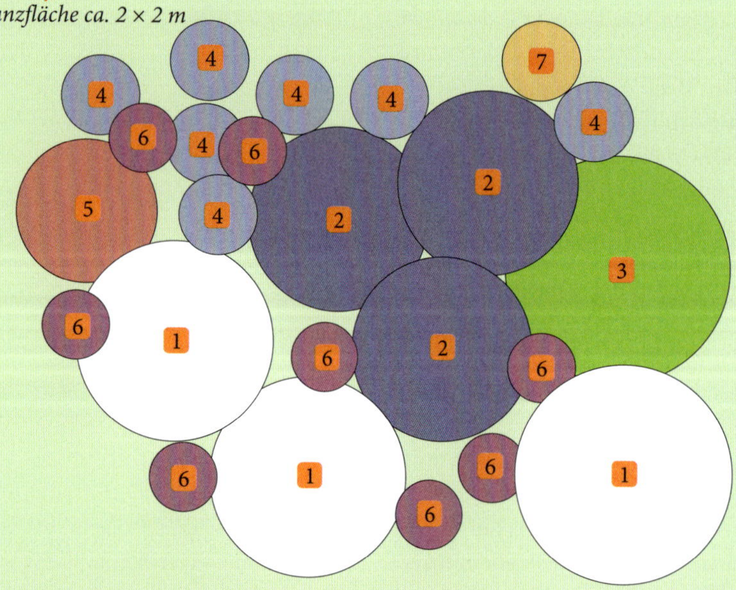

Pflanzliste

1. 3 **Elfenbeindistel** *(Eryngium giganteum)*
2. 3 **Schmucklilie** (*Agapanthus* 'Isis')
3. 1 **Palmlilie** *(Yucca filamentosa)*
4. 7 **Argentinisches Eisenkraut** *(Verbena bonariensis)*
5. 1 **Purpur-Fetthenne** (*Sedum* 'Purple Emper
6. 8 **Purpurkugel-Lauch** *(Allium sphaerocephalum)*
7. 1 **Kandelaber-Königskerze** *(Verbascum olympicum)*

dern. Die Spannung zwischen dem klaren Blau der Schmucklilien und dem Lila des Argentinischen Eisenkrauts *(Verbena bonariensis)* würde dann durch gedämpftere Tönungen ersetzt, wie sie bereits im Zusammenspiel von Eisenkraut und den im Vordergrund verwendeten Zierlauch-Arten zu sehen sind. Das hochstielige, steif verzweigte Eisenkraut beeindruckt durch einen lang anhaltenden Flor. Es ist ebenfalls kurzlebig, erhält sich jedoch in warmen Regionen auf durchlässigem Untergrund durch Selbstsaussaat. Wenn Sie in Ihrem Garten ein ähnliches Bild über eine längere Zeit erhalten wollen, sollten Sie Sämlinge belassen oder sogar an die gewünschte Stelle verpflanzen. Ist Ihnen das zu mühsam, wird sich das Bild dieser Komposition immer wieder wandeln. Doch langlebige Pflanzen wie die Palmlilien *(Yucca filamentosa)* geben als Fixpunkte der Pflanzung stets Halt und Struktur.

Ein dezenter Hintergrund

Die Wirkung der blauen Blüten der Schmucklilien und des lilafarbenen Schleiers des Argentinischen Eisenkrauts wird auf raffinierte Weise gesteigert. Denn im Hintergrund der Pflanzung sind dezent und nahezu subtil gelblaubige Koniferen und eine gelb blühende Kandelaber-Königskerze eingefügt. Sie fallen kaum auf, doch ihr stark kontrastierendes Gelb verstärkt die Wirkung des kühlen Blaus und lilafarbenen Blütenreigens.
Das ist kein Zufall. Selbst in monochromen Gärten werden von Planern oft Pflanzen eingefügt, deren Laub- oder Blütenfarben einen Komplementärkontrast zu der Blütenfarbe des Gesamtensembles bilden. So finden sich in einfarbig gelben Gärten oft einige blaulaubige und in blauen Gärten bisweilen gelblaubige Pflanzen.

Links: *Straff aufrechte Königskerzen bilden markante grafische Effekte.*

Unten: *Die Kombination unterschiedlicher Wuchsformen birgt Spannung: Die emporstrebenden Horste der Palmlilien werden durch Teppiche aus Thymian und Mauerpfeffer in ihrer Wirkung gesteigert.*

Formenspiele

Farbe und Form sind die wichtigsten Gestaltungsmittel im Garten. Der bewusste Einsatz von Formen ist dabei nicht weniger wichtig – auch wenn es stets verlockend ist, dem brillanten Feuerwerk der Farben den Vorzug zu geben. Meist jedoch sind die Umrisse und Linien der Pflanzen beständiger als die schillernden, aber kurzen Auftritte der Blüten. Doch auch der Habitus der Pflanze stellt übers Jahr hinweg keine unveränderliche Größe dar. Gerade Stauden und Gräser – mehr noch Zwiebel- und Knollenpflanzen – unterliegen durch ihr Wachstum übers Jahr einem starken Wandel. Aus bodennahen oder im Boden liegenden Knospen wachsen sie aufrecht in die Höhe, bevor sich ihre Blätter und Halme bisweilen kaskadenartig überneigen. Dennoch bestimmt die Wuchsform der ausgewachsenen Pflanze wesentlich ihren Charakter. Grundsätzlich sind struktur- und texturbetonte Arten (→ Seite 58) zu unterscheiden. Während Letztgenannte einen dichten Mantel aus Blättern oder Blüten offerieren, der kaum noch eine Gliederung des Pflanzenkörpers erkennen lässt, wirken strukturbetonte Pflanzen transparenter und lassen, wie Palmlilien, Edeldistel oder Bart-Iris, einen klaren Aufbau sichtbar werden. Es sind mitunter ausdrucksstarke und auffällige Gestalten, die eine deutliche Wuchsrichtung aufweisen oder ein bizarres Erscheinungsbild wie Eselsdistel oder Meerkohl zeigen. Gerade im Spätherbst und Winter, wenn die Blüten längst vergangen und das Grün der Blätter und Stängel zu einem kargen Braun oder aschfarbenen Grau gereift sind, treten Strukturen in den Vordergrund. Raureif oder eine leichte Schneedecke unterstützen die grafischen Effekte. Edeldisteln, Brandkraut, Dost und selbst die feinen Linien der Steppengräser malen dann bezaubernde Bilder.

Vielfältige Figuren

Die aufstrebenden Wuchsformen von Schwertlilien, Königskerzen, Fackellilien oder Steppenkerzen wirken dynamisch. Sie führen den Blick in die Vertikale, und je höher sie emporschießen, desto auffälliger gebärden sie sich. Überaus schwungvoll und ohne eine Richtung zu bevorzugen, erscheinen dagegen die zahlreichen schopfartig wachsenden Gräser des Kiesgartens. Rundliche Silhouetten wenig gegliederter Stauden, wie Zwergiger Silber-Beifuß, Blut-Storchschnabel oder Schleierkraut, haben eine sehr viel statischere Wirkung. Flache Teppiche niedrigwüchsiger Stauden wie Thymian, Hornkraut oder Mauerpfeffer vermitteln wiederum Bodenhaftung und Ausgeglichenheit. Durch ihren horizontalen Wuchs erzeugen sie Weite im Garten. In Ihrem Kiesgarten können Sie daher durch ein abwechslungsreiches Miteinander verschiedener Formen lebhafte Bilder erzeugen. Geradezu herausfordernd wirkt es, wenn Junkerlilien aus einer dichten Matte aus Woll-Ziest emporragen. Die rhythmische Wiederholung derart belebender Kontraste über die gesamte Fläche hinweg hat einen hohen Wiedererkennungswert und verknüpft die Pflanzung zu einem einheitlichen Ganzen.

Zu hart empfundene Gegensätze können Sie durch vermittelnde rundliche Wuchsformen besänftigen. Auch transparent wirkende, mit lockeren Blütenschleiern schmückende Stauden wie Kleinblütige Bergminze oder Tata renschleier sind ausgezeichnete Mittler zwischen den Extremen.

Wenn Sie Ihren Kiesgarten weniger akzentuiert gestalten wollen, sollten Sie auf Pflanzen mit gleichartigen oder ähnlichen Umrissen zurückgreifen. Speziell auf größeren Flächen besteht jedoch die Gefahr, dass eine solche Pflanzung leicht monoton wirkt, wenn nicht Höhenanordnung, Farbgebung und Texturspiel abwechslungsreiche Aspekte erbringen.

Oben: *Das schwungvolle Linienspiel schopfartig wachsender Gräser wie Blaustrahlhafer, Atlas-Schwingel oder Riesen-Federgras (Bild) ist nicht nur im Sommer ein spektakulärer Blickpunkt, sondern beeindruckt noch im Winter.*

Kontrast auf allen Ebenen

Die zahlreichen Facetten von Gartenpflanzen finden sich in vielen Details. So ist es reizvoll, mit unterschiedlichen Formen von Blüten und Blütenständen oder Blättern zu spielen. Das Prinzip bleibt das Gleiche: Abwechslung und Spannung entstehen durch Gegensätze. Die Kombination von Steppen-Salbei und Gold-Garben wirkt nicht nur wegen des Farbkontrasts überzeugend, sondern auch aufgrund des Wechselspiels schlanker Blütenkerzen mit breiten Blütenschirmen. Der Gegensatz der Formen steigert die Wirkung des Kontrasts der Komplementärfarben

diese Kombination bleibt weit über die Blütezeit hinaus ansprechend. Und eine Partnerschaft aus doldenförmigen Fruchtständen der Großen Fetthenne mit Kandelabern von Königskerzen vermag im Kiesgarten sogar den Winter über zu gefallen.

Majestätische Gestalt mit Fußvolk

Es existiert eine Vielzahl von Sträuchern, Stauden und Zwiebelpflanzen, die durch reiches Blühen, einen bezaubernden Duft oder ansehnliche Blätter ins Auge fallen und uns dadurch imponieren. So gibt es kaum jemanden, der sich an einem warmen Sonnentag dem Zauber eines blühenden Lavendels entziehen kann, und nur wenige Menschen vermögen den Charme blühender Rosen infrage zu stellen. Außergewöhnlich sind jedoch Pflanzen, die einen derart bestechenden, geradezu aristokratisch erscheinenden Auftritt haben, dass sich andere Arten vor ihnen zu verneigen scheinen und sich den herrschaftlichen Gestalten unterordnen. Es ist in der Regel eine eindrucksvolle und außergewöhnliche Wuchsform, die diesen Formen ihre Ausstrahlung verleiht, wenn sie ihre Partner im Höhenwachstum überragen. So dominiert in der hier vorgestellten Pflanzung die geradezu majestätisch wirkende Argentinische Binsenlilie *(Sisyrinchium striatum)* den vorderen Bildausschnitt. Es ist ein ausdruckskräftiges, strukturbetontes Irisgewächs (→ Seite 54). Sowohl die schwertförmigen, nach oben strebenden Blätter als auch die aufrechten Blütenstängel betonen die Vertikale. Die etagenförmig angeordneten Blüten vermögen diese Wirkung kaum zu brechen. Um schon nach kurzer Zeit derart große Horste zu erzielen, sollten Sie mehrere Pflanzen zu einem Tuff zusammensetzen. Als Alternative zu dieser Art, die nur in milden Regionen zuverlässig und dauerhaft gedeiht, können Sie in Ihrem Kiesgarten Steppen-Iris *(Iris spuria)*, Hohe Bart-Iris (*Iris* Germanica-Gruppe) oder Weißen Affodill *(Asphodelus albus)* pflanzen. Mit diesen Stauden lässt sich eine ähnliche Wirkung erzielen, sie bilden ebenfalls einen prägnanten Kontrast zu den im Juni noch niederen Fetthennen und den zu dieser Zeit bereits blühenden Sonnenröschen. Der Wechsel zwischen rundlichen und breit lagernden Pflanzengestalten einerseits und den

Pflanzplan

Pflanzfläche ca. 2 × 3 m

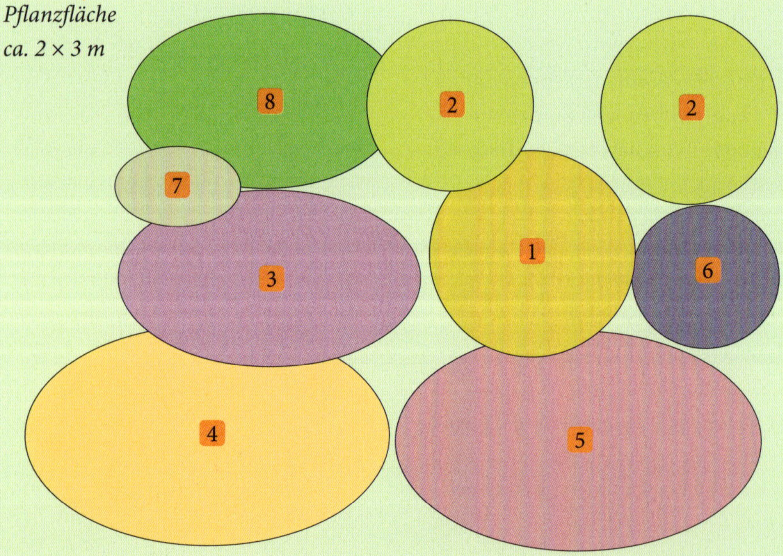

Pflanzliste

1. 3 **Binsenlilie** *(Sisyrinchium striatum)*
2. 2 **Gewöhnlicher Fenchel** *(Foeniculum vulgare)*
3. 3 **Große Fetthenne** (*Sedum* 'Herbstfreude')
4. 5 **Gold-Dost** (*Origanum* 'Norton Gold')
5. 4 **Sonnenröschen** (*Helianthemum* 'Rhodanthe Carneum')
6. 1 **Gewöhnlicher Lavendel** *(Lavandula angustifolia)*
7. 7 **Goldgelber Thymian** (*Thymus* 'Doone Valley')
8. 1 **Echte Engelwurz** *(Angelica archangelica)*

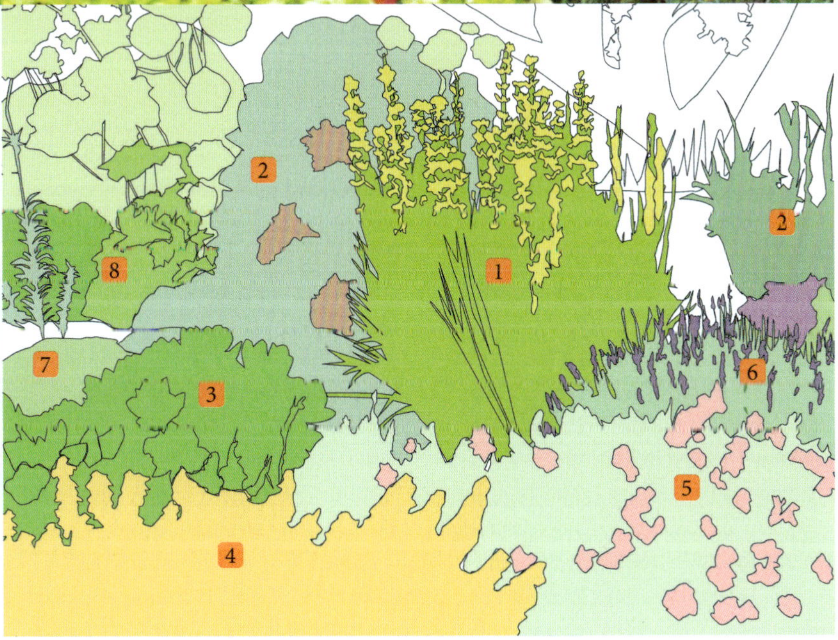

aufstrebenden Linien andererseits verleiht der Komposition Spannung und Lebendigkeit.

Filigrane Pflanzen vermitteln zwischen Gegensätzen

Mit gebührendem Abstand zur formschönen Binsenlilie – das unterstreicht den Charakter dieser Staude – steigt die Wuchshöhe zum rückwärtigen Teil der Pflanzung nach und nach an. Einige Exemplare kurzlebiger Stauden, wie Gewöhnlicher Fenchel *(Foeniculum vulgare)* und Echte Engelwurz *(Angelica archangelica)*, leiten kontinuierlich zur Strauchpflanzung im Hintergrund über, die diesen Teil des Gartens begrenzt. Die zarten Schleier aus filigranen Fenchelblättern sind dabei ausgezeichnete Bindeglieder und Vermittler zwischen den sehr viel wuchtigeren Nachbarpflanzen. Falls Sie im Garten auf diese Pflanzen zurückgreifen, sollten Sie bedenken, dass die Engelwurz etwas feuchtere Standorte braucht, um zu großer Höhe heranzuwachsen. Und noch ein Hinweis: Vorsicht im Umgang bei empfindlicher Haut oder verzichten Sie gänzlich auf die Art. Denn Sonnenlicht kann auf Hautpartien, die in Kontakt mit der Engelwurz kamen, verbrennungsartige Ausschläge hervorrufen. Die Pflanzen blühen meist im zweiten oder dritten Jahr nach der Pflanzung und sterben bald nach der Samenbildung ab. An zusagenden Wuchsorten vermehren sie sich, wie der Fenchel auch, durch reichliche Selbstaussaat. Um die Art im Garten zu erhalten, sollten Sie an passenden Stellen einige Sämlinge jedoch belassen. Dort, wo die Vagabunden den Herrschaftsanspruch der Argentinischen Binsenlilie infrage stellen, müssen Sie die Sämlinge konsequent jäten, um das durchdachte und abwechslungsreiche Spiel der Formen zu wahren.

Oben: *Breite und dunkle Blätter wirken gewichtig. Sie setzen kräftige Akzente und geben der Pflanzung Halt.*

Rechts: *Duftig leicht: Feingliedrige Blüten und kleine Blätter sind charakteristisch für Pflanzen des Kiesgartens.*

Texturen

Die Modebranche macht es vor: Unterschiedliche Stoffe haben verschiedenartige Wirkung. Glänzende Seide wirkt edel und elegant. Sie macht schlank. Grobe Strickmuster aus flauschiger Wolle erscheinen dagegen wuchtig und schwer. Dazwischen liegen unterschiedlichste Stoffe und Webmuster.
Ähnlich verhält es sich mit Pflanzen. Da die Blätter über die gesamte Vegetationsperiode hinweg wirken, bestimmen sie im Wesentlichen das »Webmuster« der Pflanze. In der Fachsprache ist dann von der Textur einer Pflanze die Rede. Diese kann leicht und duftig oder massiv und schwer ausfallen – oder irgendwo dazwischen liegen.
Beispielsweise wirken kleine Blätter zierlich. Schmalblättrige Ziergräser wie Schwingel-Arten oder Federgräser empfinden wir daher als grazil. Ebenso scheinen Schleierkraut oder Bergminze geradezu zu schweben. Andere Stauden wie die Rosetten der Königskerzen, dunkle Fetthennen oder Brandkraut haben einen Charakter, der wesentlich erdverbundener ist. Im Vergleich zu graziösen Nachbarn erscheinen sie wuchtig und dominant.
Stauden oder Halbsträucher mit grober Textur gibt es jedoch für den Kiesgarten nur in begrenzter Zahl. Aufgrund der Anpassung an Hitze und Trockenheit (→ Seite 26–29) besitzen viele Kiesgartenbesiedler kleine oder fiederteilige Blätter. Im Zusammenspiel mit ihrem hellen, oft silbrig getönten Laub wirken die meisten Formen filigran. An duftig leichten Gestalten mit feiner Textur herrscht also kein Mangel.
Da grob texturierte Stauden selten sind, können Sie das Ensemble Ihrer Kiesgartenpflanzen durch einige anpassungsfähige Arten wie Bergenien *(Bergenia)*, Balkan-Storchschnabel *(Geranium macrorrhizum)*, Behaarter Bärenklau *(Acanthus mollis)* oder Großblättrige Wucherblume *(Tanacetum macrophyllum)* ergänzen, auch wenn diese sonst bevorzugt im sonnigen Umfeld von Gehölzen wachsen und einen geringfügig höheren Wasserbedarf als die meisten Steppenpflanzen aufweisen.

Zarte Pflanzen brauchen Halt

Trotz eines verlockenden und schier grenzenlosen Angebots sollten Sie nicht der Gefahr unterliegen, im Kiesgarten ausschließlich feinlaubige Gewächse zu verwenden. Solche Pflanzungen wirken allzu oft wirr und ungeordnet. Für Halt und Gliederung sorgen einige wuchtigere Gegengewichte. Sie sollten diese in geringerer Zahl einsetzen, doch stets so, dass durch ihr Zusammenspiel mit graziöseren Partnern ausgeprägte, mitunter dramatisch wirkende Kontraste entstehen. Karl Foerster – ein berühmter Staudengärtner, Staudenzüchter und Gartenphilosoph – hat in diesem Kontext zutreffend von einem »Spiel von Harfe und Pauke« gesprochen. Um aus dem Duett ein stimmiges Orchester zu formen, sollten Sie die Mittler zwischen feinen und groben Texturen nicht vergessen. Beispielsweise ist es gut, den Gegensatz massiver Blätter des Brandkrauts und das zarte Laub des Atlas-Schwingels durch Färberkamille, Katzenminzen oder Gold-Garben abzumildern. Wenn sich derartige Texturkontraste in Ihrem Kiesgarten wiederholen, ergibt sich eine überzeugende Rhythmik. Dabei brauchen Sie nicht immer auf die gleichen Pflanzen zurückzugreifen. Es ist auch möglich, andere Arten einzusetzen, die dann eine ähnliche Funktion übernehmen. Anstelle des Brandkrauts könnten Sie Kaukasus-Storchschnabel, Meerkohl oder Kugeldisteln als wuchtigeren Part hinzufügen. Graslilien, Purpur-Leinkraut oder Thymian könnten dann als filigrane Nachbarn auftreten.

Die Wirkung des Gartenraums verbessern

Da die massiv wirkenden Pflanzengestalten in den Vordergrund drängen, ist es durch eine geschickte Anordnung möglich, die perspektivische Wirkung der Pflanzung zu unterstreichen oder einem ungünstigen Raumformat entgegenzuwirken. Wenn Sie im Vordergrund Pflanzen mit groben Texturen setzen und nach hinten zu eher feintexturierte Arten, erscheint der Garten tiefer. Andersherum kann der Eindruck eines schmalen Gartenraums verbessert werden, wenn Sie im Vordergrund vornehmlich grazile Gestalten einsetzen und nach hinten zu mehr und mehr gröbere Varianten pflanzen. Aufgrund ihrer Mächtigkeit scheinen diese nach vorne zu drängen und die Distanz zu verringern. Durch einen derart raffinierten Einsatz pflanzlicher Texturen, der von vielen Betrachtern nur selten bewusst wahrgenommen wird, lässt sich die Raumwirkung positiv beeinflussen.

Geordnete Vielfalt

Die Liebe zu den Kiesgarten-Pflanzen wird wachsen, je mehr und je intensiver Sie sich mit ihnen beschäftigen. Sie werden fasziniert sein von der Vielfalt und dem Formenreichtum unterschiedlichster Lebensweisen. Es gibt so viel zu entdecken, und stets lockt das Angebot von Gärtnereien mit Neuem oder mit Arten und Sorten, die für den eigenen Garten eine Bereicherung sein können. Ob sich noch ein Platz dafür findet im üppig bepflanzten Kiesgarten? Sollte ich mich von einigen Pflanzen verabschieden, um neuen einen zusagenden Platz zuweisen zu können? Diese Fragen werden mit der Zeit immer drängender. Allgemeingültige Antworten kann es darauf nicht geben. Sie werden stets aufs Neue entscheiden müssen.

Komposition eines vielstimmigen Gartenbilds

Dass ein vielfältig und abwechslungsreich gestalteter Garten nicht zu einer ungeordneten und wirren Ansammlung einzelner Pflanzen verkommen muss, zeigt die hier vorgestellte Gartenszenerie. Hier tummeln sich zahlreiche Halbsträucher, Stauden, Zwiebel- und Knollenpflanzen vor einer vielgestaltigen Gehölzkulisse. Trotz verschiedenster Wuchs- und Lebensformen entsteht ein stimmiges und anmutiges Ganzes. Sicher trägt dazu das vermittelnde Grau und stumpfe Blaugrün bei, das viele Pflanzen des Kiesgartens zeigen. Dadurch wird ein verbindendes Band von einer zur anderen Pflanze geknüpft, das mit bunten Farbtupfern gespickt ist. Doch ist es keinesfalls nur die Farbgebung des Laubs, die das ansprechende Bild begründet. Höhenstaffelung und die rhythmische Wiederholung prägender Gestalten tragen gleichfalls zur Schönheit dieses Kiesgartens bei. Dadurch, dass die Pflanzen zum Weg hin niedriger werden und zu den Rändern ansteigen, entsteht ein behaglicher Gartenraum. Einprägsame Kontraste zwischen strukturbetonten Arten wie den Palmlilien mit texturbetonten

Pflanzplan

Pflanzfläche 3,5 × 3 m

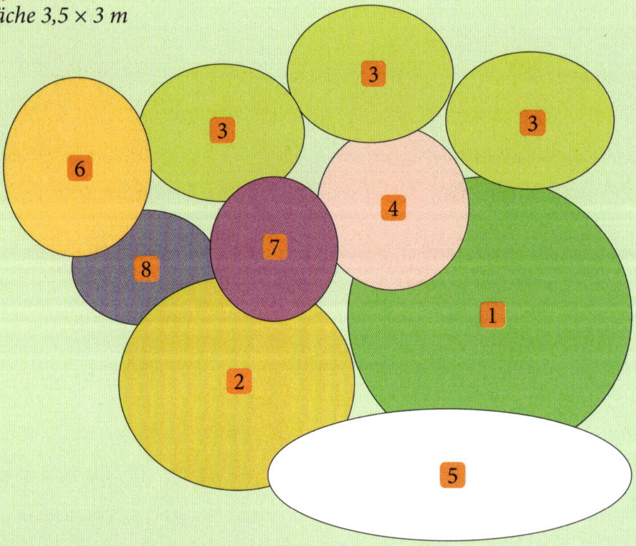

Pflanzliste

1 — 1 **Palmlilie** *(Yucca gloriosa)*

2 — 1 **Silber-Greiskraut** (*Brachyglottis* 'Sunshine')

3 — 3 **Mittelmeer-Wolfsmilch** *(Euphorbia characias)*

4 — 1 **Orientalischer Mohn** (*Papaver orientale* 'Juliane')

5 — 10 **Kronen-Lichtnelke** (*Lychnis coronaria* 'Alba')

6 — 6 **Bergenie** (*Bergenia*-Sorte)

7 — 3 **Rosa Flockenblume** (*Centaurea dealbata* 'Steenbergii')

8 — 3 **Katzenminze** (*Nepeta* 'Six Hills Giant')

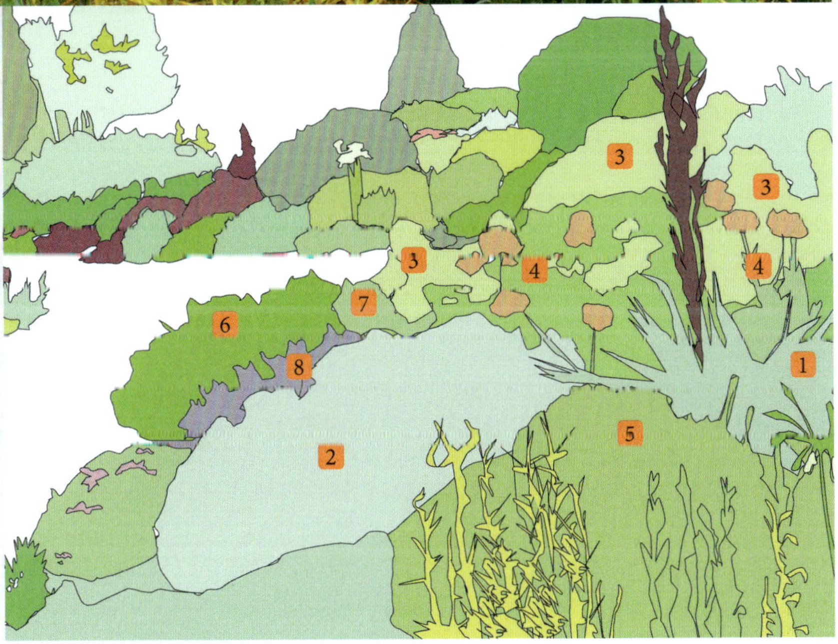

Nachbarn finden sich diesseits und jenseits des Wegs. Sie verbinden die unterschiedlichen Teilflächen optisch miteinander. Dabei ist es unwesentlich, ob Sie im eigenen Garten das bisweilen etwas frostempfindliche Strauchige Greiskraut (*Brachyglottis* 'Sunshine') wählen oder ähnliche, auch in kühleren Regionen zuverlässig wachsende Halbsträucher wie Echten Wermut *(Artemisia absinthium)*, Weinraute *(Ruta graveolens)* oder verschiedene Sorten des Gewürz-Salbeis *(Salvia officinalis)*.

Haltgebende Fixpunkte und sanfte Vermittler

Feingliedrige Stauden und filigrane Gräser finden in der hier gezeigten Pflanzung in wuchtigeren Partnern einen starken Widerpart. Die üppigen, aber schnell vergänglichen Mohnblüten erweisen sich dabei als ähnlich kräftige Blickpunkte wie die dunklen, großflächigen Blätter der Bergenien. Etwas später im Jahr werden die mächtigen Rispen der milchweißen Palmlilienblüten die Blicke auf sich ziehen.

Doch die unterschiedlichen – herrschenden und dienenden – Charaktere dieser Pflanzen treffen nur selten unvermittelt aufeinander. Die Extreme werden durch Mittler wie die sanftgelbe Mittelmeer-Wolfsmilch oder die Kronen-Lichtnelke verbunden. Letztere wird über den gesamten Sommer hinweg mit ihren intensiv magentaroten Farbtupfern ein Band zwischen den Teilflächen knüpfen. Wenn Ihnen der Farbton zu aufdringlich ist, verwenden Sie die weiß blühende Sorte 'Alba'. Vagabundierende Zwiebelpflanzen wie Sternkugel-Lauch und Bulgarischer Lauch *(Nectaroscordum siculum)* geben sich bereits im Vorsommer an unterschiedlichen Stellen ein Stelldichein und tragen so zu einem harmonischen und ansprechenden Gesamtbild bei.

Kiesgärten anlegen und pflegen

Hacken, graben, gießen, düngen – das können Sie im Kiesgarten vergessen. Einmal etabliert, brauchen die Pflanzen nur noch wenig Pflege.

Lenken durch Pflege

Das Pflanzen ist nur der Beginn der Entwicklung im Kiesgarten. Wohin die Reise geht, bestimmen Sie durch die Art und Intensität der Pflege.

Rechts: *Damit der Kiesgarten ansehnlich und attraktiv bleibt, ist einfühlsame Pflege nötig. Sämlinge von Federgras, Steppen-Wolfsmilch oder Zier-Lauch sind willkommen, solange sie nicht überhandnehmen.*

Unten: *Soll das Bild der Pflanzung erhalten werden, kommt man um das Unkrautjäten nicht herum. Auch manche Kiesgartenpflanze muss in Zaum gehalten werden.*

Wenn Sie den Garten nach Ihren Vorstellungen bepflanzt haben, ist er längst noch nicht fertig – das ist er nie! Die Pflanzung ist lediglich eine Zwischenstation auf dem Weg zu ansprechenden Gartenszenen, die im Lauf der Jahreszeiten immer wieder anders aussehen und sich über die Jahre hinweg immer wieder verändern. Durch entsprechende Pflegemaßnahmen können Sie diese Entwicklung jedoch lenken und das Gesicht Ihres Kiesgartens beeinflussen. Wenn Sie viel Zeit und Mühe investieren, können

Sie lieb gewonnene Bilder über eine gewisse Zeit hinweg erhalten. Dazu ist es nötig, den Ausbreitungsdrang mancher Gartenpflanzen einzugrenzen. Bei einzelnen Arten oder Sorten müssen Sie durch den rechtzeitigen Rückschnitt vergehender Blütenstände die Aussaat verhindern. Horstbildende Arten wachsen mit der Zeit immer mehr in die Breite. Sie hält man durch das Abstechen von Teilen der Horste in Zaum oder indem man Ausläufer entfernt. Letztlich geht es bei solchen Pflegemaßnahmen darum, schwächere Partner vor stärkeren zu schützen, um das Pflanzenensemble in seiner Pracht zu erhalten.

Mut zum Experiment

Oft ist es viel spannender, wenn Sie den Pflanzen keinen allzu engen Rahmen stecken und neugierig die Veränderungen in Ihrem Kiesgarten begleiten. Das Gesamtbild des Gartens steht in diesem Fall über dem Erhalt einzelner Arten und Sorten. Solange sie nicht überhandnehmen und lästig werden, dürfen sich Stauden, Gräser sowie Zwiebel- und Knollenpflanzen nach Herzenslust ausbreiten. Wenn Sie dabei den Platz einiger zögerlich und schwächlich wachsender Nachbarn beanspruchen und diese letztlich verdrängen, ist das nicht weiter schlimm. Bei einer derartigen Pflege ändern sich die Pflanzbilder rasch. Wenn Sie nach Jahren Ihren Kiesgarten betrachten, wird er anders aussehen als in der Anfangszeit. Diese Strategie ist weniger zeitaufwendig, doch ganz ohne lenkende Eingriffe geht es auch hier nicht. Unkräuter wie Löwenzahn oder Ackerdisteln sollten Sie stets frühzeitig entfernen. Ebenso sollten Arten, die sich im Übermaß vermehren, in ihre Grenzen gewiesen werden. Und damit Halbsträucher langfristig in Form bleiben, brauchen sie Schnitt (→ Seite 74).

Kiesgärten anlegen

Die Entscheidung ist gefallen: Ihr Garten bietet einen sonnigen und warmen Standort, und Sie möchten dort einen Kiesgarten anlegen. Damit Ihr Traum Wirklichkeit wird, sollten Sie sich zunächst gründlich informieren und sich an die Planung machen. Denn ein ausgereifter Entwurf ist die Voraussetzung dafür, dass Ihr Kiesgarten gelingt. Bei Gartenbesichtigungen und der Lektüre von Büchern und Zeitschriften können Sie sich von vielfältigen Beispielen inspirieren lassen. Besuche in Gärtnereien und das Studium von Angebotslisten helfen bei der Pflanzenauswahl. Meist entsteht dabei eine umfangreiche Pflanzenliste – wer kann schon der faszinierenden Vielfalt der Kiesgartenpflanzen widerstehen? Doch je mehr die detailgenaue Planung Ihres Kiesgartens Fortschritte macht, umso mehr wird diese Liste auf ein realistisches Maß schrumpfen. Am besten entwerfen Sie eine maßstabsgetreue Skizze von der Pflanzfläche. Bewährt hat sich ein Plan im Maßstab 1 : 20. Tragen Sie zumindest die Standorte der wichtigsten Pflanzen in den Entwurf ein. Der zweite Schritt ist die Vorbereitung des Bodens. Dabei sollten Sie mit der gleichen Sorgfalt vorgehen wie bei der Planung. Denn ob die Pflanzen gedeihen und die spätere Pflege sich in Grenzen hält, hängt ganz wesentlich von einer guten Vorbereitung der Pflanzflächen ab. Wie aufwendig dies ist, bestimmen der Standort und die Qualität des Bodens.

Einfach und unkompliziert: trockene Standorte

Befindet sich das vorgesehene Areal des Kiesgartens an einer Stelle, an der die Niederschläge rasch versickern und beispielsweise Rasen im Sommer in Folge von Trockenheit häufig braun wird, so gestaltet sich die Vorbereitung nicht allzu kompliziert. Es reicht dann oft aus, den Rasen abzuschälen und die Pflanzflächen tiefgründig zu lockern. Ist dies geschehen, können Sie sich mit dem Pflanzen ruhig noch Zeit lassen. Im Gegenteil: Es ist gut, die Flächen zunächst brach liegen zu lassen, um zu sehen, welche Unkräuter auftauchen.

Wurzelunkräuter gründlich entfernen

Wenn Sie feststellen, dass auf der vorbereiteten Pflanzfläche Ackerwinden, Quecken, Ackerdisteln oder andere Problemunkräuter sprießen, sollten Sie die lästigen Gesellen unbedingt ausmerzen. Achten Sie dabei darauf, auch die Wurzeln der Unkräuter vollständig zu entfernen. Dazu verwenden Sie besser eine Grabegabel als einen Spaten. Mit einem Spaten werden die Wurzelstränge allzu häufig durchtrennt. Durch die im Boden verbleibenden Wurzelstücke vermehren sich die Unkräuter weiter. Bearbeiten Sie den Boden auf keinen Fall mit einer Fräse. Auch wenn die Fläche zunächst ordentlich und unkrautfrei aussieht, werden die fein zerkleinerten Wurzeln von Quecke & Co. bald an vielen Stellen wieder austreiben.
Um zu sehen, ob Ihre Arbeit erfolgreich war, sollten Sie nach den Jätegängen einige Wochen warten. Erst dann können Sie beurteilen, ob der Boden wirklich frei von Dauerunkräutern ist. Ist das Jahr dann schon fortgeschritten und ist es zu spät zum Pflanzen, sollten Sie tief wurzelnde Arten wie Ölrettich oder Buchweizen als Gründüngung einsäen. Sie lockern den Boden und sorgen dafür, dass sich bis zur Pflanzung im nächsten Frühjahr keine anderen Kräuter über Gebühr ausbreiten. Im Frühjahr sollten Sie die Reste dieser Grüneinsaat entfernen, damit der Boden nicht unnötig mit Nährstoffen angereichert wird. Falls dann keine Wurzelunkräuter mehr auftauchen, können Sie mit dem Pflanzen beginnen.

1 *Auskoffern: Ist der Boden schwer oder verdichtet, sollten Sie ihn unbedingt etwa 40 cm tief abtragen. Anschließend wird der Unterboden möglichst tiefgründig gelockert, damit später keine Staunässe auftritt.*

2 *Mischen Sie das Substrat. Das geht am besten auf einer befestigten Fläche, etwa einer Garagenzufahrt. Geben Sie zu vier bis sieben Schaufeln Splitt eine Schaufel Kompost. Mischen Sie das Substrat gründlich, damit es homogen wird.*

Bodenaustausch

Nicht immer eignet sich der Boden für die Anlage eines Kiesgartens. Ist der Untergrund schwer und tonig, werden sich vor allem in niederschlagsreichen Regionen viele nässeempfindliche Kiesgartenbesiedler schon nach kurzer Zeit verabschieden. Unter derartigen Verhältnissen macht das Pflanzen von Federgräsern, Edeldisteln oder anderen Steppenpflanzen keinen Sinn. Konkurrenzkräftige Unkräuter würden zu einem permanenten Problem werden. Wenn Sie an einem solchen Standort trotzdem einen Kiesgarten verwirklichen wollen, müssen Sie den Boden auskoffern und ein passendes Substrat einbauen (→ Abb. 1–4). Vor allem an Süd- und Westhängen lohnt sich diese Mühe. Weil sie von der Sonne beschienen werden und Wasser ablaufen kann, sind die Aussichten gut, hier trotz nicht idealer Verhältnisse einen pflegearmen Kiesgarten zu verwirklichen.

Um den Boden nicht zu verdichten, sollten Sie alle Arbeiten nur bei trockener Witterung durchführen. Je tiefer Sie den Boden abtragen, umso besser. In jedem Fall sollten Sie das Erdreich etwa 40 cm tief auskoffern. Auf großen Flächen ist ein kleiner Frontlader oder Minibagger eine große Hilfe. Auf kleinen Flächen ist Muskelkraft gefragt. Beim Ausgraben des Bodens können Sie eventuell vorhandene Problemunkräuter entfernen. Doch Vorsicht: Winden oder Schachtelhalm wurzeln weit tiefer, als Sie das Erdreich abtragen – mitunter mehr als 1 m. Falls derart lästige Gartengesellen zu befürchten sind, ist es sinnvoll, ein wasserdurchlässiges, stabiles Vlies als Trennschicht zwischen Unterboden und Substratschicht zu legen, das die Unkräuter zumindest bremst. Nach dem Auskoffern ist es wichtig, dass Sie den Unterboden lockern, bevor Sie das Substrat einbauen. Treten tonige, wasserundurch-

3 *Füllen Sie das Substrat in die ausgekofferte Pflanzfläche. Arbeiten Sie nur bei trockenem Wetter, damit der Boden durch die Arbeiten nicht verdichtet wird. Trittspuren gräbt man auf, bevor man die nächste Schubkarre Substrat ablädt.*

4 *Nachdem das Substrat vollständig eingebaut und der Boden geebnet ist, können Sie die Pflanzen gemäß dem Pflanzplan auf der Fläche verteilen. Betreten Sie dabei die Fläche nicht mehr, als unbedingt nötig.*

Oben: *Mittelmeer-Wolfsmilch und Federgräser leiden unter Winternässe. Sie sind auf einen durchlässigen Boden angewiesen.*

Rechts: *Kalifornischer Mohn, Silber-Königskerze und Kugel-Lauch gedeihen hervorragend auf durchlässigem Kiesuntergrund und verbreiten sich hier durch Aussaat.*

lässige Schichten auf, sollten Sie diese möglichst tief durchbrechen und mit grobem Schotter auffüllen. So erzielen Sie eine bestmögliche Dränage, und es besteht nicht die Gefahr, dass sich die ausgehobene Fläche später badewannenartig mit Wasser füllt.

Das richtige Substrat

Das Substrat, mit dem Sie die ausgehobene Fläche auffüllen, soll einerseits gut durchlässig und unkrautfrei sein, andererseits den Pflanzen ausreichend Nährstoffe für ein passables Wachstum bieten. Splitt – also gebrochenes Gesteinsmaterial – sorgt für eine gute Dränage. Für den Kiesgarten eignen sich Gemische mit Bestandteilen von 2–32 mm. Ein solches Splittgemisch enthält keine Feinanteile. Es besteht daher keine Gefahr, dass der Boden verdichtet. Durch das Einarbeiten von Splitt können auch bestehende Böden abgemagert und durchlässiger gemacht werden. Obgleich Kiesgartenpflanzen genügsam sind, brauchen sie ausreichend Nährstoffe zum Wachsen. Mischen Sie deshalb unter den Splitt etwas Kompost. Dazu verwenden Sie am besten unkrautfreien Grüngutkompost aus einem nahe gelegenen Kompostierwerk. Je höher der Kompostanteil ist, desto mehr Nährstoffe stehen den Pflanzen zur Verfügung. Welche Menge Kompost Sie dem Splittgemisch am besten zugeben, hängt von der Pflanzenauswahl und Ihren Vorstellungen ab: Soll der Kiesgarten eher üppig bewachsen sein, darf der Kompostanteil etwas höher sein. Sollen sich die Pflanzen langsam und weniger wuchtig entwickeln, genügt eine kleine Dosis. Mehr als 20 Prozent sollte der Kompostanteil im Substrat aber auf keinen Fall ausmachen. Diese Menge reicht aus, auch wenn die Mischung karg aussieht und man sich nicht so recht vorstellen kann, wie gut trockenheitsverträgliche Arten in einem derartigen Substrat gedeihen. Doch bei einem höheren Kompostanteil würden viele Stauden zu üppig wachsen, und obendrein stellen sich auch schneller Unkräuter ein.
Für die meisten Kiesgartenbewohner ist es völlig ausreichend, wenn Sie zu sechs Schaufeln Splittgemisch eine Schaufel Kompost hinzumischen. Nur wenige Varianten wie Fackellilien *(Kniphofia)*, Schmucklilien *(Agapanthus)* oder Duftnesseln (*Agastache* 'Blue Fortune') lieben einen etwas höheren Nährstoffgehalt. Zusätzliche Düngegaben sind trotzdem nicht nötig. Der Kompost setzt über Jahre hinweg ausreichend Nährstoffe frei, und die meisten Pflanzen des Kiesgartens wurzeln so tief, dass sie schon nach wenigen Jahren Nährstoffe unter der eingebauten Substratschicht im Boden erschließen können. Nach den ersten stärkeren Regenfällen werden Sie kaum noch etwas von dem dunkel gefärbten Kompost entdecken. Er wird mit den Niederschlägen in tiefere Schichten verlagert. Zurück bleibt eine Kiesschicht, die Unkräutern das Keimen erschwert und den Untergrund vor rascher Austrocknung schützt.

Bepflanzung

Frühjahr und Vorsommer sind die beste Zeit zum Bepflanzen Ihres Kiesgartens. Selbst empfindlichere Halbsträucher und Stauden wachsen jetzt willig an und etablieren sich so gut, dass sie den folgenden Winter meist problemlos überstehen. In kühleren Gebieten empfiehlt es sich, empfindlichere Vertreter mit einem leichten Winterschutz zu versehen und so den Erfolg der Pflanzaktion zu sichern.
Sollten Sie erst im Sommer oder frühen Herbst Zeit zum Pflanzen finden, ist dies für die meisten Stauden kein Problem. In kalten Regionen halten Sie den Platz für sensible Halbsträucher wie Blauraute, Heiligenkraut, Rosmarin und Lavendel besser noch frei und setzen sie erst im nächsten Frühling. Auch Federgräser, Diptam und andere heikle Arten pflanzt man besser nach. Bambusstäbe können mittlerweile den Platz markieren, an dem sie später wachsen sollen. Das Setzen der Zwiebel- und Knollenpflanzen hat ohnehin keine Eile. Sie werden am besten erst zwischen die anderen Pflanzen gesetzt, wenn diese eingewachsen sind. Frühlings- und Vorsommerblüher sollten Sie im Herbst pflanzen, sommer- und herbstblühende Arten werden im späten Frühjahr eingebracht. Legen Sie die Zwiebeln und Knollen dabei stets dreimal so tief in den Boden, wie sie selbst hoch sind.

Pflanzen kaufen

Nach der sorgfältigen Bodenvorbereitung können Sie die ausgewählten Pflanzenarten und -sorten im Versandhandel bestellen oder direkt kaufen. Staudengärtnereien, Baumschulen oder Fachgartencenter halten ein breites Angebot bereit. Dort finden Sie auch kompetente Beratung. Sind einige Formen nicht vorrätig, kann man Ihnen meist passenden Ersatz empfehlen.
Zu Hause sollten Sie die Pflanzen ausreichend wässern und bei nächster Gelegenheit in die Erde bringen.

Genau nach Plan

Bevor Sie die Pflanzen nach Ihrem Plan auf den Flächen auslegen, ist es hilfreich, wenn Sie mit Sägemehl oder andersfarbigem Kies ein gitterartiges Raster auf die Fläche streuen. Jeder Abschnitt sollte 1 Quadratmeter messen. So können Sie Pflanzen exakt am richtigen Platz positionieren.
Pflanzen Sie zuerst die Gehölze. Sie geben den Rahmen der Pflanzung und ihre Struktur vor. Anschließend verteilen Sie die höherwüchsigen Halbsträucher, Stauden und Gräser. Zum Schluss werden die niedrigen Formen ausgelegt. Sind alle Pflanzen auf der Fläche untergebracht, prüfen Sie, ob Abfolge der Pflanzen und Pflanzabstände stimmen. Durchschnittlich sollten im Kiesgarten nicht mehr als neun bis elf Pflanzen pro Quadratmeter stehen. Auf etwas nährstoffreicherem Untergrund genügen fünf bis sieben Pflanzen. Bedenken Sie, dass Arten wie Silberährengras, Diptam, Weinraute und viele andere zu großen

1 Auch trockenheitsverträgliche Arten müssen gut mit Wasser versorgt sein, bevor sie gepflanzt werden. Am besten stellen Sie die Töpfe so lange in einen Eimer oder eine Wanne mit Wasser, bis keine Luftblasen mehr aufsteigen.

2 Nun topfen Sie die gewässerten Pflanzen aus und verteilen sie wie auf dem Plan vermerkt auf der Fläche. Wenn alle Pflanzen stehen, sollten Sie das Gesamtbild noch einmal prüfen. Jetzt können Sie noch einfach korrigieren.

3 Graben Sie mit einem Pflanzspaten ein Loch, das etwas breiter und tiefer ist als der Wurzelballen. Ist dieser verfilzt, lockern Sie den Ballen, indem Sie die kreisförmig wachsenden Wurzeln mit der Hand abreißen.

Horsten heranwachsen. Sie machen also nichts falsch, wenn Sie größer werdende Arten mit 80 cm Abstand setzen und die gesamte Fläche nach erfolgter Pflanzung dann noch ziemlich leer aussieht. Dies ücken schließen sich schnell.

Richtig einpflanzen

Wenn Sie die Pflanzen durchdringend gewässert haben (→ Abb. 1), können Sie diese schon vor dem Verteilen austopfen. Ist der Wurzelballen stark verfilzt, reißen Sie die äußeren, kreisförmig gewachsenen Wurzeln einfach von Hand auf. Entfernen Sie die obersten 1–2 cm des Topfsubstrats. Hier befinden sich oft Unkrautsamen, die später Ärger bereiten können. Beim Pflanzen arbeiten Sie sich von der Mitte der Pflanzflache zu den Randern vor. So können Sie Trittspuren gleich wieder lockern. Möchten Sie den Boden später mit Kies oder Splitt (→ Seite 73) abdecken, werden die Pflanzen nicht so tief in gesetzt.

4 *Damit die Wurzeln einen guten Anschluss im Boden finden, drücken Sie das Erdreich rundum an die Pflanze. Die Pflanzen sollten nun etwa so tief im Boden stehen, dass der Wurzelballen leicht mit Substrat bedeckt ist.*

5 *Verwenden Sie zum Angießen eine Gießkanne mit Brausekopf. Dieser Arbeitsschritt dient weniger der Wasserversorgung, sondern er sorgt dafür, dass die Wurzeln von den feinen Anteilen des Bodens umspült werden.*

6 *Haben Sie den Boden nicht ausgetauscht, sollten Sie zum Schluss die Fläche mit einer 4–5 cm hohen Mulchschicht aus gröberem Splitt oder Kies abdecken. Dies sieht nicht nur gut aus, sondern erschwert Unkräutern die Keimung.*

Ein wenig Pflege muss sein

Ein gut gestalteter Kiesgarten erfordert keinen allzu großen Pflegeaufwand. Einmal eingewachsen, brauchen Sie die Pflanzung bei stimmiger Artenwahl selbst in trockenen Sommern nicht zu gießen. Auch eine Düngung ist nur in seltenen Fällen notwendig.
Doch trotz guter Planung und bester Vorbereitung geht es auch im Kiesgarten nicht ganz ohne Pflege. Allerdings sind die nötigen Arbeiten ganz anders als bei Schmuckpflanzungen und Rabatten. Spaten und Hacke können Sie getrost im Geräteschuppen lassen. Denn Graben und Harken machen auf dem kies- oder schotterreichen Untergrund keinen Sinn – eine Lockerung des Bodens ist hier nicht nötig.

Unkraut jäten

Beim Jäten gilt im Kiesgarten: Je früher Sie jäten, umso weniger Aufwand ist nötig. Geben Sie Unkräutern also keine Chance und beseitigen Sie diese möglichst frühzeitig. Bedenken Sie: Schon ein einziger Löwenzahn bildet bis zu 5000 Samen aus! Deshalb sollten Sie alle Unkräuter möglichst bevor sie blühen, spätestens jedoch bevor sie Samen bilden, entfernen. Am einfachsten und besten geschieht das mit einem Distelstecher oder einer Einzinkhacke.
Zwar hilft eine Mulchdecke aus Splitt oder Kies, die Zahl unerwünschter Keimlinge deutlich zu verringern. Doch gegenüber lästigen Wurzelunkräutern hilft das Abdecken der Pflanzflächen nicht. Quecken, Winden und Ackerdisteln wachsen munter auch durch eine Kiesschicht hindurch, breiten sich so permanent aus und werden zur Gefahr für Halbsträucher, Stauden und Gräser. Zögern Sie also nicht, solche Unkräuter konsequent zu bekämpfen. Sobald sich einer der unerbetenen Gartengäste zeigt, entfernen Sie die Pflanzen möglichst vollständig. Da dies meist nicht auf Anhieb gelingt, sollten Sie befallene Stellen in kurzen Abständen kontrollieren. So können Sie sofort eingreifen, sobald sich wieder ein Austrieb zeigt. Nur auf diese Weise werden die Wurzelunkräuter allmählich so geschwächt, dass sie letztlich verschwinden, auch wenn dies mitunter ein langwieriger Prozess ist.

Willkommene Sämlinge dürfen bleiben

Pflegen heißt im Kiesgarten vor allem auch lenken. Bei Unkräutern ist die Entscheidung leicht zu treffen – sie werden entfernt. Tauchen jedoch Sämlinge von gepflanzten Kiesgartenbewohnern auf, gilt es sorgfältig abzuwägen, ob diese bleiben dürfen oder nicht. Einen allgemeingültigen Rat gibt es nicht.
In manchen Fällen spricht alles dafür, den Pflanzennachwuchs zu belassen: So würden beispielsweise kurzlebige Formen wie Kronen-Lichtnelke oder Königskerzen aus der Pflanzung verschwinden, wenn man konsequent alle Sämlinge entfernt. Arten wie Spornblume und viele andere können dagegen

1 Das Mexikanische Federgras bildet zahlreiche Sämlinge. Nur dort, wo die heranwachsenden Gräser später andere Pflanzen bedrängen, sollten Sie die Sämlinge möglichst frühzeitig jäten. An anderen Stellen dürfen sie bleiben.

2 Oft fällt es schwer, frisch gekeimte Sämlinge zu erkennen. Wenn die Pflanzen etwas größer sind, ist dies leichter – und es bleibt immer noch Zeit, die überzähligen Exemplare, wie hier die der Elfendistel, zu entfernen.

3 Mit einem Distelstecher lassen sich tief wurzelnde Unkräuter wie Ackerdistel (→ Bild) oder Löwenzahn bekämpfen. Entfernen Sie die Pfahlwurzel unbedingt ganz, sonst treibt der im Boden verbleibende Teil rasch wieder aus.

derart massiv auftreten, dass sie andere Kiesgartenpflanzen bedrängen und vielleicht sogar verdrängen. Selbst Lavendel bildet im Kiesgarten Sämlinge, wenn Sie die Blütenstände nicht rechtzeitig entfernen. Ein Kiesgarten ist eben ein spannendes Experimentierfeld. Ob, auf welche Weise und wie stark Sie eingreifen – sei es durch Schnitt (→ Seite 74), Jäten oder Mulchen –, hängt von Ihren Vorstellungen von einem Kiesgarten ab.

Oben: *Nachtkerzen und Muskateller-Salbei versamen sich auf zusagenden Standorten eifrig und bilden überraschende, oft bezaubernde Aspekte.*

Eine Mulchschicht aus Kies oder Splitt

Eine Mulchschicht ist in vielen Fällen im Kiesgarten zu empfehlen: Sie verringert die Verdunstung von Bodenwasser und die Keimung von Unkräutern. Die Bodenoberfläche verschlämmt nicht, und die Gefahr ist geringer, dass der Untergrund bei Pflegearbeiten verdichtet wird. Man kann eine solche Mulchschicht bereits vor oder unmittelbar nach der Pflanzung aufbringen (→ Seite 70). Wenn Sie den Boden jedoch gegen ein Kiesgartensubstrat ausgetauscht haben (→ Seite 68), können Sie sich die kraftraubende Arbeit des Mulchens sparen.

Als Mulchmaterial sollten Sie im Kiesgarten ausschließlich mineralische Stoffe wie Gesteinssplitt, Kies, Blähschiefer oder Recyclingstoffe wie Ziegelsplitt verwenden (→ Seite 15). Als feinere und leichter zu bearbeitende Körnungen empfiehlt sich Splitt oder Kies in der Größenordnung 5–8 mm. Feinere Materialien sollten Sie nicht wählen, da sich Unkräuter sonst leichter ansiedeln. Wenn Sie – beispielsweise aus ästhetischen Gründen – etwas gröberes Material bevorzugen, wählen Sie am besten die Körnung 8–16 mm.

Egal für welches Material Sie sich entscheiden: Eine 5–8 cm dicke Schicht – das entspricht etwa 50–80 Liter pro Quadratmeter – ist völlig ausreichend.

Die Mulchdecke erneuern

Nach einigen Jahren ist ein Großteil des Mulchmaterials in tiefere Bodenschichten verlagert. Wenn die Pflanzendecke bewusst lückig gehalten wurde, um den Kontrast von Stein und Pflanze zu wahren, sollten Sie die Mulchdecke erneuern. Dies lässt sich am besten nach dem Rückschnitt der Pflanzen am Ende des Winters erledigen. Sie brauchen dann keine Rücksicht auf ausgetriebene Pflanzen zu nehmen und können Splitt oder Kies gleichmäßig verteilen. Doch es ist nicht immer nötig, die Mulchschicht zu erhalten. Wenn Halbsträucher, Stauden und Gräser nach einigen Jahren den Boden fast ganz bedecken, sind sie gegenüber Unkräutern so konkurrenzkräftig, dass sich das erneute Ausbringen von Mulchmaterial erübrigt.

Rechts: *Wenn Sie verblühte Blütenstände abschneiden, begrenzen Sie die Aussaat von Spornblumen. Beim Steppen-Salbei führt ein kräftiger Rückschnitt sogar zu einem schönen zweiten Flor.*

Unten: *Nach dem Winter schneidet man Lavendel kräftig zurück. Im Sommer entfernt man Verblühtes, damit die Pflanzen attraktiv bleiben.*

Schön und vital durch Schnitt

Eine scharfe Gartenschere ist ein wichtiges Werkzeug bei der Pflege des Kiesgartens. Sie kommt aus unterschiedlichen Gründen zum Einsatz, wird nahezu das ganze Jahr über gebraucht und sollte daher Ihr ständiger Begleiter sein. Die Investition einer Schere von guter Qualität lohnt sich also.
Schon zum Ende des Winters wartet der erste Großeinsatz auf dieses unentbehrliche Gartenwerkzeug. Zwar sehen Fetthennen, Edeldisteln und viele Gräser,

die den ganzen Winter über eine Augenweide waren, noch immer ansehnlich aus, doch wenn kein Schnee mehr liegt, ist es Ende Februar an der Zeit, diese Pflanzen zurückzuschneiden, damit sie ungehindert neu austreiben können.
Bei allen sommergrünen Stauden und Gräsern schneidet man alle noch vorhandenen Reste von Trieben aus dem letzten Jahr knapp über dem Boden ab. Ob Sie dafür eine Garten- oder Heckenschere oder ein scharfes, sichelartig gebogenes Messer (Staudensichel) nehmen oder lieber zu einer Sichel greifen, bleibt Ihnen überlassen. Wählen Sie das Gerät, mit dem Sie am bequemsten und sichersten umgehen können. Auf größeren Flächen kann ein motorbetriebener Freischneider zum Einsatz kommen, mit dem sich die Arbeit zügig ausführen lässt. In diesem Fall sollten Sie das Schnittgut mit einem Federbesen zusammenfegen und entfernten.
Anders als in Pflanzungen im Umfeld von Gehölzen oder auf Rabatten, sollten im Kiesgarten nach Möglichkeit nur wenige Blatt- und Stängelreste verbleiben. Diese Reste würden sonst mit der Zeit eine Humusschicht auf dem Kies bilden, die verhindert, dass der Boden abtrocknen kann, und die die Ausbreitung von Sämlingen begünstigt. Sollten sich zwischen dicht stehenden Pflanzenhorsten Moose entwickelt haben, beseitigen Sie diese ebenfalls.

Sträucher und Halbsträucher richtig schneiden

Sobald keine schärferen Fröste mehr drohen, sollten Sie im zeitigen Frühjahr Sträucher wie Bartblumen, Schmetterlingsstrauch oder Buschklee sowie die zahlreichen Halbsträucher des Kiesgartens zurückschneiden. All diese Sträucher blühen an nach dem Schnitt neu gebildeten Trieben. Sie dürfen Sie daher kräftig einkürzen, da dies den Austrieb fördert. Falls der Winter deutliche Spuren hinterlassen hat und die Zweige stark zurückgefroren sind, bleibt nichts anderes übrig, als die erfrorenen Triebe ganz zu entfernen. Im Extremfall müssen Sie die Pflanzen knapp über dem Boden abschneiden. Meist werden Sie überrascht sein, wie schnell diese wieder austreiben und wie schön sie noch im gleichen Jahr blühen.
An den meisten anderen Gehölzen ist kaum ein Schnitt nötig. Geringe Korrekturen und das Auslichten von Ölweide, Feuer-Ahorn und anderen

erledigen Sie am besten im Spätsommer oder frühen Herbst.
Bei im Sommer blühenden Halbsträuchern wie Lavendel, Gewürz-Salbei oder Blauraute kommt ebenfalls im zeitigen Frühjahr die Schere zum Einsatz. Ein regelmäßiger kräftiger Rückschnitt um ein Drittel der ursprünglichen Höhe hält die Pflanzen kompakt und vital. Nach der Blüte können Sie die verblühten Blütenstände abschneiden. Dies ist nicht nur eine Frage der Ästhetik, sondern verhindert auch die Bildung von Sämlingen.
Die wenigen frühlingsblühenden Halbsträucher wie Schleifenblume, Sonnenröschen oder Mittelmeer-Wolfsmilch schneidet man erst nach der Blüte. Schleifenblumen und Sonnenröschen kürzt man um ein Drittel. Bei der Wolfsmilch entfernt man die abgeblühten Triebe ganz (→ Seite 92).

Weitere Schnittmaßnahmen

Kosmetische Schnittmaßnahmen verbessern das Escheinungsbild mancher Pflanze. So sieht es schöner aus, wenn Sie abgeblühte Stängel von Bart-Iris, Palmlilien oder Flockenblumen abschneiden. Unbedingt nötig ist dies aber nicht. Ebenso ist es nicht dringend erforderlich, Katzenminze oder Steppen-Salbei nach dem ersten Flor zu kürzen. Doch sieht der Neuaustrieb nach einem scharfen Rückschnitt sehr viel ansehnlicher aus. Die Pflanzen blühen zudem ein zweites Mal und bleiben bis in den Spätherbst hinein attraktiv. Inwieweit Sie andere optische Korrekturen durchführen wollen – sei es das Entfernen umgeknickter Triebe oder von Schädlingen verunstalteter Pflanzenteile –, können Sie Ihren Vorstellungen entsprechend entscheiden. Schwieriger ist da schon die Frage zu beantworten, ob Sie die Samenbildung einzelner Staudenarten und Halbsträucher durch den frühzeitigen Rückschnitt vergehender Blüten verhindern wollen. An der passenden Stelle können Nachkömmlinge attraktiver Arten das Aussehen der Pflanzung aufwerten. Andererseits treten ohne Eingriffe oft derart große Sämlingspopulationen auf, dass ein wahres Dickicht entsteht. Bei lange blühenden Arten wie Spornblume oder Bergminze ist es selbst bei großem Engagement kaum zu schaffen, die Selbstaussaat völlig zu vermeiden. Andere wie Kron-Lichtnelke oder Italienisches Ochsenauge bilden bereits während sie noch blühen reife Samen. Ganz wird sich die Aussaat mancher Staude also nicht verhindern lassen. Aber Sie können die Aussaat durch entsprechende Schnittmaßnahmen auf ein verträgliches Maß reduzieren.

Pflanzen für den Kiesgarten

Von wegen karg: Die Kiesgartenflora bietet Sträucher und Stauden, duftende Gäste aus dem Süden und wogende Gräser.

Vielfältige Flora

Bei der Gestaltung Ihres Kiesgartens können Sie auf eine große Auswahl an Pflanzenwelt zurückgreifen. Die Palette geeigneter Arten überrascht.

Rechts: *Zahlreiche Halbsträucher und kurzlebige Vagabunden tragen zum belebenden Artenreichtum dieses Kiesgartens bei.*

Unten: *Gehölze prägen den Gartenraum und bilden den Rahmen für das Schauspiel kleinerer Partner.*

Pflanzen gibt es in einer unglaublichen Vielfalt. Einige bilden Stämme und ein verholztes Zweiggerüst, andere krautige Triebe. Aufgrund der Art und Weise, wie sich Pflanzen erneuern, unterscheiden wir unterschiedliche Lebensformen wie Gehölze, Halbsträucher, Stauden oder Zwiebel- und Knollenpflanzen. Gehölze treiben aus Knospen aus, die weit über der Erde liegen. Die nur etwa fußhoch über dem Boden liegenden Knospen der Halbsträucher sind besser vor Wind

und, wenn Schnee liegt, auch vor Kälte geschützt. Stauden treiben hingegen aus knapp unter dem Boden liegenden oder an der Oberfläche liegenden Knospen aus. Zwiebel- und Knollenpflanzen verstecken sich gänzlich im Erdreich.
Die Natur lehrt uns, dass der Wald bei zunehmender Trockenheit lichter wird und allmählich in lockere Steppenwälder und Savannen übergeht. Bei größerer Trockenheit verschwinden Bäume und größere Sträucher ganz. Der Pflanzenwuchs rekrutiert sich vornehmlich aus niedrigeren, besser an die widrigen Verhältnisse angepassten Pflanzen. Halbsträucher, Stauden, Einjahrespflanzen sowie Zwiebel- und Knollenpflanzen übernehmen die Vorherrschaft. Das erweist sich als Vorteil bei der Gestaltung eines Kiesgartens. Selbst kleine Flächen können Sie abwechslungsreich bepflanzen, indem Sie aus der Fülle geeigneter kleinwüchsiger Arten und Sorten unterschiedliche Formen auswählen. Wenige kleinkronige Bäume oder nicht zu üppig wachsende Sträucher bilden den Rahmen der Pflanzung. Halbsträucher und Stauden sind die Hauptdarsteller, die ihr Schauspiel vor der Kulisse der Gehölze darbieten. Zwiebel- und Knollenpflanzen schließlich sind Komparsen. Sie tauchen nur zu bestimmten Jahreszeiten auf.

Zu den Porträts

Das vielfältige Pflanzenangebot lässt bei der Gestaltung eines Kiesgartens kaum Wünsche offen. Auf den folgenden Seiten finden Sie eine reiche Auswahl bewährter Pflanzen, geordnet nach Gehölzen, Halbsträuchern, Stauden, Gräsern sowie Zwiebel- und Knollenpflanzen. Angaben zu Blüte, Wuchsform, Pflegetipps und Vorschläge für die Kombination mit geeigneten und attraktiven Pflanzenpartnern erleichtern die Auswahl der Pflanzen und die Gestaltung Ihres Kiesgartens.

Gehölze setzen Akzente

Bäume sind die größten und markantesten Gestalten im Pflanzenreich. Sie scheinen Erde und Himmel zu verbinden und faszinieren uns alleine schon durch ihre teilweise hoch aufragenden Stämme und ihre gewaltigen Kronen.
Im Kiesgarten sollten Sie jedoch auf zurückhaltend wachsende und klein bleibende Arten zurückgreifen, die keinen tiefen Schatten werfen und die Nachbarpflanzen nicht allzu sehr bedrängen. Zu hoch ist der Lichtbedarf der Halbsträucher, Stauden und Zwiebelgewächse, die sich im Kiesgarten wohlfühlen, zu gering ihre Konkurrenzkraft, als dass sie die Nachbarschaft üppig wachsender Gehölze akzeptieren. Um den Garten räumlich zu gliedern, um an Terrassen, Wegebiegungen oder anderen markanten Punkten Akzente zu setzen, reicht es aus, wenn Sie Kleinbäume oder größere Sträucher pflanzen. Auch unter diesen kleinwüchsigen Gehölzen finden Sie eine große Auswahl reich blühender oder attraktiv belaubter Arten und Sorten, die sich für den Kiesgarten eignen.
Achten Sie bei der Auswahl in erster Linie darauf, dass die Standortansprüche der Gehölze mit den Bedürfnissen der im Kiesgarten verwendeten Halbsträucher, Stauden und Gräser weitgehend übereinstimmen. Bevorzugen Sie daher lichthungrige und trockenheitsverträgliche Varianten. Viele der auf den folgenden Seiten beschriebenen Arten fühlen sich auf durchlässigen Untergründen wohler als auf schwereren Böden, auf denen ihr Holz im Herbst oft schlecht ausreift und in der Folge durch strengere Fröste geschädigt wird. An warmen, kargen Standorten weisen sie dagegen eine höhere Winterhärte auf. Passende Arten können Sie oft schon an ihrem stumpfgrünen oder grauen Laub erkennen, das anzeigt, dass diese Pflanzen gut vor starker Verdunstung geschützt sind. Solche Formen korrespondieren in bester Weise mit der übrigen Pflanzenwelt des Kiesgartens. Hartlaubige, kräftig grün gefärbte Varianten wiederum bilden einen prägnanten Hell-Dunkel-Kontrast, der den Garten auch außerhalb der Hauptblütezeiten lebhaft erscheinen lässt. Und sind die ausgesuchten Gehölze immergrün, tragen sie sogar dazu bei, dass der Kiesgarten noch im Winter ein attraktives Bild bietet.

Kleine Starthilfe für Gehölze

Obgleich die in diesem Buch vorgestellten Gehölze genügsam sind und keinen hohen Wasserbedarf aufweisen, sollten Sie Bäume und Sträucher in den ersten Jahren nach der Pflanzung bei Bedarf gießen. Erst wenn die Pflanzen gut angewachsen sind, können diese sich selbst ausreichend mit Wasser versorgen. Viele Arten verursachen dann kaum noch Pflege. Einige Formen wie Bartblumen oder Sommerflieder sollten Sie jedoch regelmäßig schneiden, damit sie auch weiterhin üppig blühen.

Links: *Säulenförmige Gehölze setzen Ausrufezeichen, werfen wenig Schatten und ermöglichen eine artenreiche Begleitflora.*

Sommergrüne Blütensträucher

◁ Schmalblättriger Sommerflieder *Buddleja alternifolia*

Blüte: *zartes Lila, Juni* **Höhe:** *3–4 m*
Eleganter Sommerflieder, der sich im Kiesgarten als sehr ausdauernd und absolut frosthart erweist. Der raschwüchsige Strauch gefällt durch kaskadenartig überhängende junge Triebe, die im Juni mit zahlreichen lavendelfarbenen Blütenköpfchen besetzt sind. Die graugrüne Belaubung deutet die große Trockenheits- und Hitzeverträglichkeit an. Schöne Bilder ergeben sich mit violett blühenden Bart-Iris, Lavendel, Katzenminzen, Wermut und Blaustrahlhafer. Für eine reiche Blüte kürzen Sie abgeblühte Zweige Anfang Juli etwa um ein Drittel ein. Sonst genügt es, alle paar Jahre die ältesten Triebe bodennah abzuschneiden.

▷ Schmetterlingsstrauch *Buddleja davidii*

Blüte: *von violett bis weiß, Juli bis September* **Höhe:** *1,5–4 m*
Ob violett, rosa, purpur oder weiß – Schmetterlingssträucher sind eine Augenweide und im Hochsommer ein Magnet für Schmetterlinge. Damit die Sträucher üppig blühen, schneiden Sie sie im Frühjahr auf ein Drittel zurück. Weil die Samen leicht keimen, sollten Sie abgeblühte Rispen entfernen. Bewährte Sorten sind 'African Queen' mit tiefvioletten, 'Pink Delight' mit großen, rosafarbenen und 'White Bouquet' mit weißen Rispen. 'Loch Inch' bleibt klein, blüht lila und zeigt graugrünes Laub. Gut mit Duftnessel, Silber-Wermut und Salbei kombinierbar.

◁ Bartblume *Caryopteris × clandonensis*

Blüte: *blau, August bis Oktober* **Höhe:** *70–120 cm*
Die spätblühenden Bartblumen sind wertvolle Sträucher im Kiesgarten. Ihre aromatischen Blätter sind stumpf- bis graugrün gefärbt. Die Lippenblüten stehen in dichten, locker angeordneten Quirlen. Für eine üppige Blüte schneiden Sie die Pflanzen im zeitigen Frühjahr kräftig zurück. Am besten entfernen Sie die Triebe 30 cm über dem Boden oder kürzen sie auf ein Drittel ein. In rauen Lagen setzt man die Sträucher an geschützte Stellen, etwa vor eine Südwand. Schön sind 'Heavenly Blue', die locker wächst und mittelblau blüht, sowie die kompakte Sorte 'Blauer Spatz' mit tiefblauen Blüten. Die Blätter der hellblau blühenden 'Summer Sorbet' sind gelb gerandet.

Sommergrüne Blütensträucher

◁ Gewöhnlicher Blasenstrauch *Colutea arborescens*

Blüte: *gelb, Mai bis September* **Höhe:** *2–3 m*

Der rundwüchsige Blasenstrauch schmückt sich mit gelben Schmetterlingsblüten, filigranen Blättern und lampionartigen Fruchthülsen. Bemerkenswert ist der lange Flor. Oft sind zur gleichen Zeit Blüten und die erst hautfarbenen, später rötlichen Hülsen an einem Strauch zu sehen. Auf durchlässigen, kalkhaltigen Kiesuntergründen erweist sich die Art als wesentlich frosthärter als in schweren Lehmböden. Schöne Partner sind Wald-Anemonen, Kaukasus-Storchschnabel sowie Brandkraut. Um die Pflanzen attraktiv zu halten, genügt es, wenn Sie alle zwei bis drei Jahre die ältesten Triebe direkt über dem Boden abschneiden.

▷ Purpur-Geißklee *Cytisus purpureus*

Blüte: *purpurfarben, Mai bis Juni* **Höhe:** *40–70 cm*

Der kleine, äußerst genügsame Strauch passt hervorragend zum Ensemble trockenheitsverträglicher Halbsträucher und Stauden. Rosa oder violett blühenden Bart-Iris, Blut-Storchschnabel oder Nelken sind harmonierende Nachbarn. Zur Blütezeit zeigt sich der allmählich breiter werdende Strauch von seiner besten Seite. Seine Zweige sind dann überreich mit purpurrosafarbenen Schmetterlingsblüten besetzt. Hängen seine Zweige locker über Treppen oder Mauerbrüstungen, wirkt er besonders reizvoll. Um seine Schönheit zu erhalten, genügt es, gelegentlich einige alte Triebe zu entfernen.

◁ Spanischer Ginster *Genista hispanica*

Blüte: *gelb, Mai bis Juni* **Höhe:** *40–70 cm*

Der Spanische Ginster ist ein attraktiver, stacheliger Geselle. Der dicht verzweigte Zwergstrauch ist zur Blütezeit überreich mit dunkelgelben Schmetterlingsblüten übersät. Mit Ehrenpreis-Arten, blauem Lein oder Katzenminzen bildet er hübsche Kontraste, in Wolfsmilch-Arten und Fingerkraut findet er gleichfarbige Nachbarn. Nah verwandt ist der Strahlen-Ginster *(Genista radiata)*. Er blüht ebenfalls gelb, hat keine Dor-nen und wird etwas größer. Beide Arten schätzen kalkhaltigen Boden. Für saure Böden sind der gelb blühende Flügel-Ginster *(G. sagittalis)* und Färber-Ginster *(G. tinctoria)* besser geeignet.

◁ Sommer-Tamariske *Tamarix ramosissima*

Blüte: *rosa, Juni bis September* **Höhe:** *2–3 m*

Ein lockerer Strauch, dessen junge Zweige elegant überhängen. Im Hochsommer zieren lange Rispen das graugrün belaubte Gehölz. Sein filigranes Erscheinungsbild kommt am besten mit niedrigen Nachbarn zur Geltung. Schöne Partnerschaften ergeben sich mit Dost, Spornblume und Sommer-Salbei. Die Frühlings-Tamariske *(Tamarix parviflora)* blüht bereits im Mai. Sie braucht etwas mehr Platz. Abgeblühte Triebe kürzen Sie auf kräftige Seitentriebe ein. Werden die Sträucher sparrig, schneiden Sie sie stark zurück. Sehr alte und schwache Triebe entfernen Sie vollständig. Die anderen kürzen Sie stark ein.

▷ Hecht-Rose *Rosa glauca*

Blüte: *rosa, Juni* **Höhe:** *2–3 m*

Diese heimische Wildrose wird nicht nur wegen ihrer purpurrosa, in der Mitte weißen Blüten gepflanzt, sondern auch wegen ihres dekorativen Laubs. Die Blätter schimmern samtig grau. Sie passt daher ausgezeichnet zu graulaubigen Partnern wie Blauraute, Lavendel, Woll-Ziest und Wermut. Im frühen Herbst schmückt die Art mit leuchtend roten Hagebutten. Es genügt, wenn Sie alle paar Jahre die ältesten Triebe unmittelbar über dem Boden entfernen. Die lachsrosa blühende Wein-Rose *(Rosa rubiginosa)* verträgt Trockenheit und Hitze ebenfalls. Nach Sommerregen verströmen ihre grasgrünen Blätter einen fruchtigen Duft.

◁ Buschklee *Lespedeza thunbergii*

Blüte: *purpurfarben, September bis Oktober* **Höhe:** *1–2 m*

Der Buschklee ist ein ausgezeichneter farbintensiver Herbstblüher, der mit riesigen Blütenrispen und einem lang andauernden Flor, der oft bis zu den ersten Frösten anhält, aufwartet. Der Kleinstrauch gefällt durch sein elegantes Wuchsbild, das durch lange, überhängende Zweige geprägt wird. Die Pflanzen sind auf durchlässigen, stickstoffarmen Böden ausdauernd und wesentlich blühfreudiger als auf schweren Untergründen – sie sind also ideal für den Kiesgarten. Da die Pflanzen in der Regel stark durch Fröste geschädigt werden, schneiden Sie diese im Frühjahr am besten scharf zurück. Die neu austreibenden Zweige zeigen dann im Herbst zahlreiche kräftig purpurfarbene Blüten.

Exklusive Kleinbäume und Großsträucher

▷ Gewöhnlicher Judasbaum *Cercis siliquastrum*

Blüte: *purpurfarben, April bis Mai* **Höhe:** *4–6 m*
Fantastisches Blütengehölz, das vor dem Laubaustrieb blüht. Die purpurrosafarbenen Schmetterlingsblüten entspringen oft sogar aus den Stämmen. Hübsch sind auch die rundlichen Blattspreiten. Die braunen Fruchthülsen besitzen einen geringeren Schmuckwert. Am besten pflanzen Sie die Art als Solitär an eine markante Stelle. Im Jugendstadium sind die ebenso breiten wie hohen Sträucher oder kleinen Bäume empfindlich gegen starke Fröste, später können ihnen diese kaum mehr etwas anhaben. Trotzdem sollten Sie in kühleren Regionen für das wärmeliebende Gehölz einen geschützten Pflanzort vor einer Südwand oder in innenhofartigen Gevierten aussuchen.

◁ Feuer-Ahorn

Acer ginnala (syn. *Acer tataricum* subsp. *ginnala*)

Blüte: *gelblich weiß, Mai* **Höhe:** *5–7 m*
Der Feuer-Ahorn entwickelt sich zu einem stattlichen Strauch oder kleinen Baum, der viel Platz braucht. Er fällt durch frühen frischgrünen Austrieb, duftende Blüten, rötliche Früchte und eine Herbstfärbung in feurigem Orangerot ins Auge. Gut eingewachsen verträgt die aus Asien stammende Art Hitze und zeitweilige Trockenheit. Das Gehölz wird auch als Hochstamm angeboten, das Sie gut mit Cambridge-Storchschnabel, Stauden-Bleiwurz und Traubenhyazinthen unterpflanzen können. Schnitt ist selten nötig. Wenn Sie einzelne Triebe oder Äste entfernen wollen, ist der späte Sommer die beste Zeit.

▷ Perückenstrauch *Cotinus coggygria*

Blüte: *gelblich grün, Juni bis Juli* **Höhe:** *3–4 m*
Der ebenso breite wie hohe Perückenstrauch verzaubert durch ein spektakuläres Herbstkolorit in gelben und orangefarbenen Tönen. Er treibt spät aus, schmückt dann jedoch mit ansehnlichen, rundlichen Blättern und später mit perückenartigen Blüten- und Fruchtständen, die dem Gehölz seinen Namen gaben. Die trockenheitsverträgliche Art bleibt auf durchlässig-warmen, bisweilen trockenen Standorten gesünder als auf gut mit Nährstoffen versorgten, frischen Untergründen. Der Perückenstrauch ist gut schnittverträglich, verlangt aber keinen regelmäßigen Schnitt. Wenn Schnittmaßnahmen anstehen, erledigen Sie diese am besten Ende des Winters. Purpurlaubige oder gelb panaschierte Sorten sollten Sie im Kiesgarten mit Bedacht einsetzen. Sie sind sehr farbintensiv und wirken dort bisweilen etwas fremd.

▷ Schmalblättrige Ölweide *Elaeagnus angustifolia*

Blüte: *weißlich-gelb, Juni* **Höhe:** *4–7 m*
Das silbrig schimmernde Laub der Ölweide bewährt sich in Kiesgärten bestens. Die Blüten des unregelmäßig, mitunter bizarr wachsenden kleinen Baums fallen wenig ins Auge, doch verströmen sie einen überaus angenehmen Duft. Reicht der Platz im Garten für diese Art nicht, steht Ihnen mit der Reichblühenden Ölweide *(Elaeagnus multiflora)* ein kleineres Pendant zur Verfügung, das strauchartig wächst und nur etwa 3 m hoch und breit wird. Seine saftigen Früchte sind wesentlich saurer als das mehlig-fleischige Fruchtfleisch der größeren Art. Bartblume, Blauraute, Wermut und Färberkamillen sind schöne Partner.

◁ Blasenesche *Koelreuteria paniculata*

Blüte: *gelb, Juli – August* **Höhe:** *6–8 m*
Faszinierender kleiner Baum oder großer Strauch, der durch seine gelben Blütenrispen ebenso begeistert wie durch die lampionartig aufgeblasenen Früchte. Sehr attraktiv ist die gelborange bis gelbbraune Tönung der gefiederten Blätter im Herbst. Da der anfangs rötliche Laubaustrieb erst spät im Jahr erfolgt und das Gehölz insgesamt transparent erscheint, bleibt genug Licht für die Pflanzen im Unterwuchs. Besonders attraktiv wirkt die Blasenesche, wenn sie frei steht und nicht mit anderen Gehölzen konkurrieren muss. Junge Pflanzen können durch strenge Fröste geschädigt werden, daher sollten Sie das Gehölz in kühlen Regionen etwas geschützt pflanzen.

▷ Weidenblättrige Birne *Pyrus salicifolia*

Blüte: *weiß, April – Mai* **Höhe:** *5–7 m*
Malerischer kleiner Baum, der vor allem wegen seiner schönen Wuchsform und der silbergrünen Belaubung gepflanzt wird. Die jungen Triebe der Art hängen kaskadenartig von den fast waagerecht stehenden Hauptästen herab. Das elegante Bild wird durch die schmal-lanzettlichen Blattspreiten unterstützt. Die Sorte ‘Pendula’ hat noch längere Zweige. Die Hängeform kommt am besten in Einzelstellung am Ende von Wegen zur Geltung. In Kombination mit Halbsträuchern wie Lavendel, weiß blühenden Stauden und Gräsern entstehen reizvollste Gartenbilder. Blaues Magellangras, Blaustrahlhafer, Schleierkraut und weiße Bart-Iris sind ebenfalls gute Partner.

Immergrüne Gehölze

▷ Gewöhnlicher Wacholder

Juniperus communis

Blüte: *unscheinbar* **Höhe:** *0,3–6 m*

Der heimische Wacholder zeigt eine Vielzahl unterschiedlicher Wuchscharaktere. Dementsprechend gibt es von dem stumpfgrün belaubten Gehölz zahlreiche Sorten. Für den Kiesgarten empfehlenswert sind vor allem schmalwüchsige oder niederliegende Sorten. 'Hibernica' wächst säulenförmig und wird etwa 4 m hoch. Am besten verwenden Sie zwei oder drei Exemplare und kontrastieren diese mit rundlichen, lockeren Wuchsformen von Perückensträuchern oder dem duftigen Erscheinungsbild der Tamarisken. 'Green Carpet' bildet einen schönen, nur etwa 30 cm hohen Teppich.

◁ Gewöhnlicher Buchsbaum

Buxus sempervirens

Blüte: *gelblich, April* **Höhe:** *0,5–6 m*

Eines der wenigen immergrünen Laubgehölze, die selbst in kalten Regionen den Winter ohne Schutz unbeschadet überstehen. Gut eingewachsen widersteht Buchs Hitze und Trockenheit. Sein dunkles Laub kontrastiert ausgezeichnet mit hellen Partnern. Sie können Buchs frei wachsend oder in Form geschnitten einsetzen. Damit der Neuaustrieb gut ausreift, schneidet man Ende April. HERITAGE und RENAISSANCE sind neuere kompakt- und langsamwüchsige Hybriden, die widerstandsfähiger gegen das Buchsbaumsterben sind. SKYLINE wächst schneller und wird deutlich höher.

▷ Sadebaum *Juniperus sabina*

Blüte: *unscheinbar* **Höhe:** *1–2 m*

Buschig wachsender, dunkelgrüner, genügsamer Strauch mit schuppenartigen Blättern. Er kann sehr breit werden, lässt sich jedoch gut schneiden. Aufgrund der dunklen Färbung ist der Sadebaum ein vorzüglicher Hintergrund für hell blühende Stauden und Halbsträucher. Die immergrüne Belaubung macht den Strauch auch im Winter zu einem Fixpunkt in Pflanzungen. Blauraute, Bartblumen und Mittelmeer-Wolfsmilch sind gute Nachbarn. Die Sorte 'Tamariscifolia' ist nadelförmig belaubt. Sie bleibt niedriger und wächst schwächer. Der blaue Teppich-Wacholder (*Juniperus horizontalis* 'Glauca') bildet bodennahe Teppiche.

▷ Raketen-Wacholder *Juniperus scopulorum* 'Skyrocket'

Blüte: *unscheinbar* **Höhe:** *6–8 m*

Das immergrüne Nadelgehölz beeindruckt durch seinen streng säulenförmigen Wuchs und ein blaugraues Kolorit. Mit ihm lassen sich an exponierten Standorten kräftige Ausrufezeichen setzen. Da ein einzelnes Exemplar meist nicht überzeugt, sollten im Kiesgarten besser kleine Gruppen gepflanzt werden. Ebenfalls blaugrün belaubt ist *Juniperus chinensis* 'Blue Alps'. Diese Form wächst unregelmäßig buschig und wird etwa 3–4 m hoch und 2 m breit. Sie wirkt dadurch natürlicher und weniger streng. *Juniperus squamata* 'Blue Carpet' ist ein nur 40 cm hoher und etwa 2 m breiter Zwergstrauch, der hübsche silbrig blaue Teppiche bildet.

◁ Lorbeer-Schneeball *Viburnum tinus*

Blüte: *weiß, März bis April* **Höhe:** *2–3 m*

Der aus dem Mittelmeergebiet stammende Strauch ist nur in milden Regionen winterhart. In kühleren Klimaten pflanzen Sie ihn am besten vor eine Ostwand und schützen ihn in Frostperioden durch ein Vlies vor der Wintersonne. Die dichtbuschige Pflanze ist wegen ihrer immergrünen Belaubung, der frühen, bisweilen schon an milden Wintertagen einsetzenden Blüte sowie des zarten Dufts ihrer weißen Blüten überaus attraktiv. Ältere Pflanzen sind sehr genügsam. Sie überstehen Trockenperioden und lassen sich gut schneiden – am besten früh im Jahr und unmittelbar nach der Blüte, damit der Neuaustrieb ausreift und nicht Opfer von Frösten wird.

▷ Zwergige Schlangenhaut-Kiefer *Pinus leucodermis* 'Compact Gem'

Blüte: *unscheinbar* **Höhe:** *3–4 m*

Widerstandsfähige Kiefern vermögen im Kiesgarten Akzente zu setzen. Die Zwergige Schlangenhaut-Kiefer präsentiert ein dichtes, schwarzgrünes Nadelkleid. Die langsam- und kompaktwüchsige Art ist sehr genügsam. Sie will jedoch frei stehen und erträgt keine Beschattung. Als Alternativen mit längeren und etwas stärker abstehenden dunkelgrünen Nadeln empfehlen sich Zwergformen der Schwarz-Kiefer. *Pinus nigra* 'Helga' und *P. nigra* 'Spielberg' wachsen kompakt kegelförmig. Die Strauchförmige Wald-Kiefer (*P. sylvestris* 'Watereri') wird etwa 5 m hoch. Sie hat bläulich-grünes Laub.

Halbsträucher – attraktiv und nützlich

Halbsträucher sind weder den Sträuchern noch den Stauden zuzurechnen, sondern bilden vielmehr eine Zwischenform: Es sind langlebige Arten, die in Bodennähe ein holziges Grundgerüst entwickeln, aus dem jährlich neue krautige Triebe sprießen. Viele der lichthungrigen Halbsträucher stammen aus dem Mittelmeergebiet, andere aus Zentralasien. Hier wie dort trotzen sie sommerlicher Hitze und Trockenheit. Meist wachsen sie auf durchlässigen, schotterigen oder kiesigen Böden. Zu den bekanntesten Vertretern dieser Pflanzengruppe zählen Lavendel, Thymian, Wermut, Salbei oder Rosmarin. Sie drängen sich für die Pflanzung in Kiesgärten geradezu auf, weil sie sonnig-warme Standorte lieben. An heißen Tagen durchströmt ihr Duft den Garten und lässt den Traum vom Süden Wirklichkeit werden. Darüber hinaus können Sie viele dieser Arten gut als Gewürze in der Küche verwenden.

Winterschutz und Schnitt

Im Kiesgarten finden viele Halbsträucher ideale Bedingungen. So kann etwa Winternässe, die auf schweren Böden oft Probleme bereitet, den Halbsträuchern auf den durchlässigen Böden im Kiesgarten kaum Schaden zufügen. Manche Halbsträucher verlangen jedoch im Winter nach etwas Zuwendung. Die meisten dieser Arten sind immergrün. Wenn der Boden tiefgefroren ist, sollten Sie die Pflanzen locker mit Fichtenzweigen oder Vlies abdecken und so vor der Wintersonne schützen. Denn ohne einen solchen Schutz verlieren die Pflanzen an sonnigen, aber frostigen Tagen durch Verdunstung so viel Wasser, dass sie erhebliche Trockenschäden erleiden. Das Abdecken ist also vornehmlich ein Schutz vor der sogenannten Frosttrocknis, weniger eine Maßnahme gegen die Kälte. Decken Sie die Pflanzen jedoch nicht zu früh ab, da sonst Fäulnis und Krankheitsbefall drohen. Liegt ausreichend Schnee, ist das Abdecken nicht nötig, da dann die Schneedecke die Halbsträucher schützt. Nach dem Winter sollten Sie Halbsträucher kräftig zurückschneiden. Wenn Sie Lavendel & Co. jährlich im zeitigen Frühjahr um ein Drittel einkürzen, bleiben die Pflanzen kompakt und wüchsig. Andernfalls bilden sie oft lange Triebe, die bald an ihrer Basis kahl werden. In der Folge vergreisen die kleinen Büsche. Bei wüchsigen Formen brauchen Sie keine Angst vor einem starken Rückschnitt zu haben, ihr Regenerationsvermögen ist erstaunlich. Überalterte Pflanzen schneiden Sie zunächst nur leicht zurück und beobachten, wie stark die Pflanzen danach austreiben. Wenn sie sich als vital erweisen, können Sie in den nächsten Jahren rigoroser schneiden. Zum Ende der Blütezeit benutzen Sie die Garten- oder Heckenschere ein zweites Mal und entfernen die verblühten Stängel.

Links: *Buntlaubige Salbei-Sorten und Lavendel: Die Vielfalt geeigneter Halbsträucher für den Kiesgarten ist enorm.*

Silber- und blaulaubige Halbsträucher

◁ Wohlriechende Eberraute

Artemisia abrotanum (syn. *Artemisia procera*)

Blüte: *gelblich, Juli bis September* **Höhe:** *40–80 cm*
Aromatischer Halbstrauch, dessen dekoratives Laub beim Zerreiben würzig duftet. Die filigranen, an der Spitze fast fadenartig geformten, graugrünen Blätter können Sie in der Küche als bitter schmeckendes Gewürz für Fleischgerichte verwenden. Aber bitte zurückhaltend einsetzen! Die kleinen Blüten fallen wenig auf. Um die Blattschmuckpflanzen kompakt und vital zu halten, schneiden Sie sie zum Ende des Winters kräftig zurück. Schön in Gemeinschaft mit Bart-Iris, Hain-Salbei, Schleierkraut und Blaustrahlhafer.

▷ Echter Wermut *Artemisia absinthium*

Blüte: *gelblich, Juli bis September* **Höhe:** *40–80 cm*
Ornamentaler Halbstrauch, der durch sein helles Silberlaub ganzjährig attraktiv ist. Das gefiederte Laub wirkt sehr elegant. Die Blüten dagegen haben keine Schmuckwirkung. An sonnigen Frosttagen decken Sie die Pflanzen am besten locker mit Fichtenzweigen ab. Im Frühjahr sollten Sie die Art kräftig zurückschneiden. Der Wermut vermittelt gut zwischen farbintensiven Partnern und ist eine prächtige Ergänzung zu Bart-Iris, Färberkamillen, Ochsenaugen oder Junkerlilien. Sehr dekorativ ist *Artemisia* 'Powis Castle' mit hellem, fein geteiltem Silberlaub. Wermut braucht in kalten Wintern einen leichten Schutz.

◁ Gewöhnlicher Lavendel *Lavandula angustifolia*

Blüte: *lila, violett, rosa, weiß, Juli bis August* **Höhe:** *20–60 cm*
Die winterhärteste aller Lavendel-Arten ist eine beliebte und viel verwendete Duft- und Aromapflanze. Sie ist vielfältig zu kombinieren und eignet sich gut als kleine Hecke oder Einfassung für formal gestaltete Gartenareale. Dazu müssen Sie die Pflanzen regelmäßig schneiden, am besten am Ende des Winters. Nach der Blüte entfernen Sie nur die Blütenstängel. Zahlreiche Sorten: 'Munstead', kompakt und blüht etwas heller. 'Hidcote Blue' wächst langsam und blüht ansprechend tief blauviolett. 'Dwarf Blue' bleibt kleiner. 'Lumières des Alpes' hat lilafarbene Lippenblüten und dunkelblaue Kelche. 'Miss Katherine' blüht rosa und wird 60 cm hoch.

Silber- und blaulaubige Halbsträucher

▷ Provence-Lavendel *Lavandula × intermedia*

Blüte: *lila, violett, rosa, weiß, Juli bis August* **Höhe:** *40–80 cm*
Der Provence-Lavendel wächst stärker und wird höher als der Echte Lavendel, außerdem sind seine Blätter etwas breiter. In Südfrankreich gewinnt man aus ihm ätherisches Öl. Da diese Hybride weniger frosthart ist, sollten Sie die Pflanzen in rauen Lagen unbedingt mit Reisig abdecken. Attraktiv sind Kombinationen mit Heiligenblumen, Palmlilien oder Spornblumen sowie Perlgras. Die Sorte 'Grappenhall' ist besonders winterhart und überzeugt mit lila Blüten und hell silberfarbenem Laub. 'Edelweiß' blüht weiß. 'Grosso' trägt violettblaue, lange Blütenstände und blüht spät und lange.

◁ Blauraute, Perovskie *Salvia yangii* (syn. *Perovskia atriplicifolia*)

Blüte: *hellblau, Juli bis Oktober* **Höhe:** *60–100 cm*
Die weißfilzigen Triebe, das aromatisch graugrüne Laub und die hellblauen Blütenrispen machen die Blauraute zum Hingucker. Mit der Zeit nimmt sie jedoch mehr Platz in Anspruch, weil sie kurze Ausläufer bildet. Sie wirkt gut mit Gräsern wie Blaustrahlhafer oder Blauem Magellangras, Bartblume, Lavendel, Goldhaar-Astern und Steppen-Wolfsmilch. In strengen Wintern kann sie starken Schaden nehmen. Doch weil Sie die Pflanze im zeitigen Frühjahr ohnehin kräftig zurückschneiden sollten, ist das nicht weiter schlimm. 'Blue Spire' zeigt intensiver blaue Blüten, 'Little Spire' wächst kompakter als die Art.

▷ Duftende Raute, Weinraute *Ruta graveolens*

Blüte: *gelb, Juni bis Juli* **Höhe:** *40–60 cm*
Den aromatischen Halbstrauch können Sie im Garten sowohl als Blüten- als auch als Blattschmuckpflanze verwenden. Schneiden Sie die Pflanze Ausgang des Winters zurück. Dabei werden eventuell durch Frost geschädigte Triebe entfernt. Tragen Sie beim Umgang mit den Pflanzen jedoch unbedingt Handschuhe: Gelangt ihr ätherisches Öl auf die Haut und ist diese der Sonne ausgesetzt, kann dies starke Hautausschläge auslösen. Weinrauten wirken ansprechend in der Kombination mit Bart-Iris, Wermut, Hain-Salbei und Lein. 'Jackman's Blue' ist eine besonders schöne Sorte, deren wintergrünes Laub mehr blau gefärbt ist.

▷ Zitronen-Thymian *Thymus × citriodorus*

Blüte: *zartrosa, Juni bis August* **Höhe:** *15–25 cm*
Die kleinen Blätter dieses Kleinstrauchs verströmen beim Reiben einen ausgeprägten Duft nach Zitrone. An sonnigen, frostigen Tagen sollten Sie die Pflanzen locker mit Reisig abdecken und so vor starker Sonneneinstrahlung schützen. Es gibt einige sehr attraktive Blattschmuckvarianten. 'Silver King' präsentiert weiß gerandete, die nur 10 cm hohe Hybride 'Doone Valley' gelbbunte Blätter. Zitronen-Thymian wirkt gut neben Blau-Schwingel, Woll-Ziest und niederen Katzenminzen. Der Echte Thymian *(Thymus vulgaris)* überdauert nur in wärmeren Regionen sicher im Freien. Als frosthärtere Alternative bietet sich *Thymus* 'Duftkissen' an.

◁ Gewürz-Salbei *Salvia officinalis*

Blüte: *blauviolett, Juni bis August* **Höhe:** *30–60 cm*
Die mediterrane Art ist eine vielseitig verwendbare Gewürz- und Heilpflanze mit hohem Schmuckwert. Da überalterte Pflanzen weniger winterhart sind, sollten Sie sie regelmäßig schneiden. Zahlreiche Sor-ten: 'Berggarten' hat auffallend breite Blätter, blüht aber kaum und ist gut winterhart. 'Purpurascens' zeigt purpurn getöntes, 'Ictarine' gelbrandiges Laub. Beide Sorten brauchen in rauen Lagen leichten Winterschutz. 'Rosea' blüht rosa. Der Lavendelblättrige Salbei *(Salvia lavandulifolia)* hat schmalere Blätter und ist gut winterhart. Geeignete Salbei-Partner sind Lavendel, Thymian, Beifuß, Fetthennen und Gräser wie Atlas-Schwingel oder Blaustrahlhafer.

▷ Silber-Heiligenkraut *Santolina chamaecyparissias*

Blüte: *gelb, Juni bis August* **Höhe:** *40–60 cm*
Apart durch das immergrüne, silberfarbige Laub und die große Zahl gelber Blütenköpfchen. Weil Heiligenkraut als niedrige Schnitthecke gezogen werden kann, eignet es sich perfekt für formale Gestaltungen. Dafür schneiden Sie die Pflanzen im zeitigen Frühjahr und entfernen nach der Blüte die Blütenköpfchen. Da in kälteren Gebieten Frostschäden auftreten können, pflanzen Sie es dort besser einzeln. Lavendel, Salbei, Schwertlilien und teppichwüchsige Wacholder-Sorten sind passende Nachbarn. Das Grünblättrige Heiligenkraut *(Santolina rosmarinifolia)* wächst ähnlich, hat aber stumpfgrünes Laub und hellere Blüten.

Grünlaubige Halbsträucher

◁ **Mittelmeer-Wolfsmilch** *Euphorbia characias*

Blüte: *honiggelb, April bis Juni* **Höhe:** *60–100 cm*
Imposanter, breitwüchsiger, wintergrüner Halbstrauch, der nur in milden Regionen die Winter unbeschadet übersteht. In kühleren Gegenden setzt man die prachtvolle Pflanze am besten windgeschützt vor eine Südwand. In Frostperioden deckt man sie locker mit Fichtenzweigen ab. Die Gefahr, dass Pflanzen unter Winternässe leiden, besteht in einem gut dränierten Kiesgarten kaum. Nach der Blüte sollten Sie die abgeblühten Stängel bodennah abschneiden. Vorsicht: Alle Wolfsmilch-Formen besitzen einen giftigen Milchsaft, der Reizungen oder Ausschläge verursachen kann. Tragen Sie beim Arbeiten deshalb Handschuhe.

▷ **Immergrüne Schleifenblume**
Iberis sempervirens

Blüte: *weiß, April bis Mai* **Höhe:** *20–40 cm*
Immergrüner Halbstrauch mit Massen weißer Blüten im zeitigen Frühjahr. Nach der Blüte um etwa ein Drittel zurückschneiden, dann bleibt er kompakt und über Jahrzehnte ansehnlich. Wegen der guten Schnittverträglichkeit eignen sich Schleifenblumen für formale Kiesgärten. Hier sind sie eine gute Ergänzung zu Buchs und ein ausgezeichneter Formkontrast zu Bart-Iris. In freien Pflanzungen sind Wild-Tulpen, Walzen-Wolfsmilch und Armenischer Ehrenpreis zeitgleich blühende Nachbarn. Bewährte Sorten: die 30 cm hohe 'Snowflake' und die kleinere 'Zwergschneeflocke'.

◁ **Ysop** *Hyssopus officinalis*

Blüte: *tief blauviolett, Juli bis August* **Höhe:** *30–60 cm*
Sommerblüher mit reicher Blüte und dunkelgrünem Laub. Die kräftig violettblauen Lippenblüten erscheinen in Blütenkerzen. Da die stark aromatische Pflanze immergrün ist, wirkt sie auch im Winter ansprechend. Für einen kompakten Wuchs und um die Langlebigkeit zu verbessern, schneiden Sie den Ysop im Frühjahr scharf zurück. Ysop ist wegen seiner Blütenfarbe vielfältig zu kombinieren. Graulaubige Stauden wie Katzenminze, Silberraute oder Perlpfötchen bringen seine dunkelgrüne Belaubung gut zur Geltung. Die Sorte 'Roseus' blüht rosa, 'Albus' weiß. Ysop lockt zahlreiche Schmetterlinge und Hummeln an.

◁ Rosmarin *Salvia rosmarinus* (syn. *Rosmarinus officinalis*)

Blüte: *blauviolett bis weiß, Mai bis Juni* **Höhe:** *40–120 cm*
Rosmarin ist ein ebenso wertvolles Küchengewürz wie eine dekorative immergrüne Blatt- und Blütenschmuckpflanze. Doch selbst in milden Gegenden können nur einige Sorten ohne Schutz im Freien kultiviert werden. Junge Pflanzen sind empfindlicher als alt eingewachsene. In kühleren Regionen vor eine Südwand pflanzen und mit Reisig vor der Wintersonne schützen. Da Rosmarin gut schnittverträglich ist, können Sie die Pflanzen sogar als Spalier an der Hauswand ziehen. Am besten schneiden Sie sie am Ende des Winters. 'Arp' und 'Weihenstephan' sind frosthärter als andere Formen. Beide blühen hellblau.

▷ Winter-Bohnenkraut *Satureja montana*

Blüte: *weiß bis zartlila, August bis September*
Höhe: *25–35 cm*
Frostharter, wintergrüner Halbstrauch aus dem Mittelmeerraum, der erst im Spätsommer blüht. Seine hellen Lippenblüten stehen in locker übereinander angeordneten Quirlen. Damit die Pflanzen kompakt bleiben und die Horste nicht zu stark auseinanderfallen, schneiden Sie sie im zeitigen Frühjahr kräftig zurück. Die Blätter dieses mehrjährigen Bohnenkrauts lassen sich gut als Gewürz verwenden. Im Garten wirkt die Pflanze schön neben Woll-Ziest, Blau-Schwingel und Mauerpfeffer. Die Unterart *Satureja montana* subsp. *illyrica* wird nur 15 cm hoch. Sie präsentiert farbkräftigere, purpurviolette Blütenstände.

◁ Immergrüner Garten-Gamander *Teucrium × lucidrys*

Blüte: *purpurrosa, Juli bis August* **Höhe:** *30–50 cm*
Dieser Halbstrauch zeichnet sich durch einen kompakten Wuchs und dunkelgrünes Laub aus. Seine purpurrosafarbenen Lippenblüten kontrastieren gut dazu. Wegen der immergrünen Blätter wirken die meist frostharten Pflanzen auch im Winter ansprechend. Durch regelmäßigen Schnitt lassen sich kleine Hecken formen, sodass Sie den Garten-Gamander gut in formalen Gartenszenerien einfügen können. In freier Gestaltung ergeben sich schöne Kombinationen mit teppichartig wachsenden Thymian-Formen, Dost, Hornkraut und Karthäuser-Nelke. Hier reicht es, wenn Sie die Pflanzen alle zwei bis drei Jahre etwas stutzen.

Anpassungsfähige Staudenwelt

Die Welt der Stauden ist überaus abwechslungsreich. In der Natur begegnen uns diese faszinierenden und sehr vielgestaltigen Gewächse nahezu überall – von der Küste bis ins Hochgebirge und selbst im Wasser.

Auch im Kiesgarten spielen die Stauden eine Hauptrolle. Es sind mehrjährige krautige Pflanzen, die den Jahreslauf im Garten durch ihren Wuchsrhythmus verdeutlichen. Alljährlich treiben sie im Frühjahr aus bodennahen oder knapp unter dem Boden versteckten Knospen aus. Im Lauf der Vegetationsperiode blü-hen und fruchten sie, bevor bei den sommergrünen Arten Laub und Triebe im Winter absterben. Doch gibt es auch win-tergrüne oder sogar immergrüne Typen.

Im Kiesgarten sind besonders anpassungsfähige Spielformen gefragt, die sich auf durchlässigen Böden wohlfühlen. Sie müssen sommerlicher Hitze und Trockenperioden trotzen. Kein Wunder also, dass robuste, oft niedrigwüchsige und grau belaubte Varianten das Terrain beherrschen (→ Seite 100).

Die einzelnen Stauden haben eine sehr unterschiedliche Lebenserwartung. So können Pfingstrosen (→ Seite 96) viele Jahrzehnte alt werden. Andere wie Ochsenzunge oder Färberkamille (→ Seite 108) sterben häufig schon zwei bis drei Jahre nach der Pflanzung ab. In neu angelegten Gärten sind sie überaus wertvoll, warten sie doch schon bald nach dem Pflanzen mit einem üppigen Blütenreigen auf. Später bilden sie zahlreiche Samen. Die Nachkömmlinge besiedeln Lücken zwischen anderen Pflanzen und sichern den Fortbestand der Art. Langlebige Arten hingegen brauchen etwas länger, bis sie zur Geltung kommen. Langfristig bilden sie jedoch das Rückgrat der Pflanzung.

Schnitt zur rechten Zeit

Noch weit über den Herbst hinaus wirken die Fruchtstände von Fetthennen (→ Seite 103, 123), Garben (→ Seite 114) und anderen Stauden ansprechend. Im Zusammenspiel mit Gräsern entstehen oft eindrucksvolle Winterbilder. Verhindern Sie diese nicht durch einen frühen Rückschnitt. Es reicht, rechtzeitig vor dem Austrieb von Zwiebel- und Knollenpflanzen die Stauden zum Ende des Winters direkt über dem Boden zurückzuschneiden. Nur bei Arten wie der Roten Flockenblume oder Silber-Wermut, die unter der Last des ersten Schnees zusammensacken, greifen Sie schon im Herbst zur Schere.

Bei Stauden, die sich stark aussäen, entfernt man bereits zum Ende der Blütezeit welke Blüten, um eine zu starke Ausbreitung zu verhindern.

Prägende Gestalten

▷ Junkerlilie *Asphodeline lutea*

Blüte: *gelb, Mai bis Juni* **Höhe:** *90–110 cm*
Schon allein wegen ihrer grafischen Wirkung bereichert die Junkerlilie den Kiesgarten. Aus einem Schopf wintergrüner grasartiger Blätter streben im Frühjahr kerzenartige Blütenstände empor. Später entwickeln sich aus den gelben Blüten kugelförmige Früchte. Solange die Fruchtstände standfest sind, sollten Sie diese nicht abschneiden. Sie sind oft den ganzen Winter über attraktiv. Die blaugrün belaubte Pflanze wirkt am besten neben niedrigwüchsigen Nachbarn. Kleine Mauerpfeffer-Formen, Zwergiger Beifuß und teppichbildende Thymian-Formen sind geeignete Partner für ein abwechslungsreiches Formenspiel.

◁ Duftnessel *Agastache rugosa*

Blüte: *violett, Juli bis September* **Höhe:** *60–90 cm*
Über Wochen sind die Blütenkerzen der Duftnessel ein Blickfang. Am besten gedeiht sie auf durchlässigen, nicht zu nährstoffarmen Böden. Oft bildet sie viele Sämlinge. Wenn Sie sich das Jäten der Sämlinge ersparen wollen, sollten Sie die sterile Sorte 'Blue Fortune' pflanzen. Dann brauchen Sie die den ganzen Winter über dekorativen Horste erst im Frühling zurückzuschneiden. Schopfartige Gräser wie Atlas-Schwingel oder Blaustrahlhafer sind ein schöner Kontrast zur straff aufrechten Duftnessel. Farblich harmonieren Berg-Astern, Flockenblumen und Prachtkerze. 'Alabaster' blüht weiß, ist jedoch weniger wüchsig und meist kurzlebig.

▷ Meerkohl *Crambe maritima*

Blüte: *weiß, Mai bis Juni* **Höhe:** *40–60 cm*
Eindrucksvolle Blüten- und Blattschmuckstaude. Das fleischige, blaugraue Laub ist ein ausgezeichneter Gegenpol zu den feinen Blättern zahlreicher anderer Kiesgarten-Stauden. Spannend sind Kombinationen mit allen Gräsern, Bart-Iris und Steppen-Wolfsmilch. Dank der weißen Blüten harmoniert die Art gut mit vielen Pflanzen. Bis zu 2 m hoch wird das Riesenschleierkraut *(Crambe cordifolia)*. Es fühlt sich im Kiesgarten nur wohl, wenn Sie die Pflanzen ausreichend – am besten mit Langzeitdüngern – versorgen. Dann jedoch beeindruckt die gigantische Staude mit riesigen schwarzgrünen Blättern und wolkenartigen Blütenschleiern.

Ausdrucksvolle Blickfänge

◁ Diptam *Dictamnus albus*

Blüte: *rosa und weiß, Mai bis Juni* **Höhe:** *70–90 cm*
Imposante und langlebige heimische Duftstaude. Da sie sich nur langsam entwickelt, sollten Sie ihr ausreichend Platz und Zeit geben – der Diptam wird dann von Jahr zu Jahr schöner und blüht immer reicher. Besonders an sonnig heißen Tagen verströmen seine dunkelgrünen, gefiederten Blätter einen zitronenartigen Duft. Die Art harmoniert gut mit Blut-Storchschnabel, Lein, Graslilien und Thymian. Außer dem Rückschnitt zum Ende des Winters braucht der Diptam kaum Pflege. Tragen Sie beim Arbeiten unbedingt Handschuhe. Der Hautkontakt mit der Pflanze führt zu verbrennungsartigen Symptomen, wenn die Haut von der Sonne beschienen wird.

▷ Hohe Bart-Iris *Iris* Germanica-Gruppe

Blüte: *blau, lila, violett, purpurn, rosa, weiß, gelb, orange, braun, rostrot, Mai bis Juli* **Höhe:** *40–120 cm*
Bart-Iris gibt es in fast allen Farbschattierungen. Bei vielen sind die Blüten zwei- oder sogar dreifarbig. Für eine reiche Blüte düngen Sie die Pflanzen am besten mit einem Langzeitdünger. Nach der Blüte schneidet man die Blütenstiele ab. Die aufstrebende Wuchsform der Bart-Iris und ihre wintergrünen, schwertförmigen Blätter kombinieren Sie am besten mit lagernden oder buschig wachsenden Pflanzen. Spannend wirkt das Zusammenspiel mit Thymian, Woll-Ziest, Lavendel, Heiligenkraut oder Salbei.

◁ Netzblatt-Pfingstrose *Paeonia tenuifolia*

Blüte: blutrot, Mai **Höhe:** *50–70 cm*
Zur Blütezeit ist diese aus Südosteuropa stammende Pfingstrose im Kiesgarten eine wahre Augenweide. Sie bildet große einfache Schalenblüten, weiß jedoch auch durch ihr filigranes, dunkelgrünes Laub zu gefallen. Bereits im Sommer werden die Blätter braun und ziehen ein. Um viel Freude mit Pfingstrosen zu haben, sollten Sie ihnen ausreichend Platz geben und sie nicht durch Hacken oder Graben in der Umgebung stören. Dann werden die Horste von Jahr zu Jahr schöner. Sehr ansprechend sind Kombinationen mit Federgräsern, Kugel-Lauch, Graslilien sowie mit Knäuel-Glockenblumen.

◁ Steppen-Iris *Iris spuria*

Blüte: *violett, blau, weiß, gelb, orange, braun, Juni bis Juli*
Höhe: *80–140 cm*
Exklusive Staude, die sich erst nach einigen Jahren zu ihrer vollen Schönheit entwickelt. Die hochwüchsige Pflanze besitzt lange, riemenförmige Blätter. 'Elixir' blüht goldgelb, 'Countess Zeppelin' rostbraun, 'Premier' violett. Pflanzen Sie diese Iris im September. Setzen Sie die Rhizome etwa 10 cm tief unter die Oberfläche. Sie sollten die Sorten gut mit Nährstoffen versorgen. In Trockenperioden sind die langlebigen Schönheiten für Wassergaben dankbar.

▷ Palmlilie *Yucca filamentosa*

Blüte: *weiß, Juli bis September* **Höhe:** *50–150 cm*
Ornamentale Schmuckstaude, die ausreichend Platz braucht. Meist bildet die Palmlilie erst nach drei bis vier Jahren erste hoch aufragende Blütenstände. Nach der Blüte sterben die grundständigen Blattschöpfe ab. Die Pflanze erneuert sich aus seitlich angeordneten Rosetten, die in den Folgejahren blühen. Die derb ledrigen, schwertförmigen Blätter wirken besonders ansprechend, wenn sie sich aus einem Teppich niederer Partnerpflanzen erheben. Woll-Ziest, Silberblatt-Ehrenpreis, niedere Fetthennen oder Heiligenkraut und Lavendel sind ausgezeichnete Nachbarn.

◁ Kandelaber-Königskerze *Verbascum olympicum*

Blüte: *gelb, Juni bis August* **Höhe:** *160–200 cm*
Die majestätische Königskerze bildet reich verzweigte, kandelaberartige Blütenstände. Es dauert jedoch zwei bis drei Jahre, bis aus den mächtigen Blattrosetten die kräftigen Blütenstängel wachsen. Nach der Fruchtbildung stirbt die Pflanze ab und bildet oft zahlreiche Sämlinge. Scheuen Sie sich nicht, kräftig zu jäten. Sie sollten die Art nur in genügend großen Arealen pflanzen. Dort überragt sie alle Partner. Für kleine Flächen ist sie zu ausladend. Empfehlenswert sind Kombinationen mit Bartblumen, Heiligenkraut, Brandkraut, Goldgarben, Färberkamillen und Riesen-Federgras.

Edle Disteln

◁ Silberdistel *Carlina acaulis*

Blüte: *silbrig, Juli bis September* **Höhe:** *10–30 cm*
Die heimische Silberdistel schmiegt sich eng dem Boden an. Ihre festen Blätter bilden grundständige Rosetten. Pflanzen Sie die tief wurzelnde Art so, dass sie nicht von höher- oder starkwüchsigen Nachbarn bedrängt wird. Am besten verwenden Sie die Silberdistel in naturnahen Kiesgärten. Hier sind Küchenschelle, Adonisröschen und Blau-Schwingel gute Partner. Die Blütenstände können Sie gut in Trockengestecke einbinden. Dazu schneiden Sie voll geöffnete Blüten und trocknen sie im luftigen Schatten. Die 30 cm hohe *Carlina acaulis* subsp. *simplex* eignet sich dafür weit besser als die kurzstielige Art.

▷ Kugeldistel *Echinops ritro*

Blüte: *violettblau, Juli bis September* **Höhe:** *60–90 cm*
Markante Staude, deren violettblaue Blütenkugeln ein Magnet für Bienen sind. Die Pflanze mit den distelartigen Blättern bildet dichte Büsche. Am Ende der Blütezeit wird das Laub unansehnlich. Schneiden Sie die Staude dann vollständig zurück. Die Pflanzen treiben wieder aus, und gelegentlich erscheinen im Spätherbst noch einzelne Blütentriebe. Etwas höherwüchsig und sehr reich blühend ist *Echinops bannaticus* 'Taplow Blue'. Sie verlangt einen etwas feuchteren Standort. Eine glückliche Liaison gehen Kugeldisteln mit Gold-Garben ein. Auch Atlas-Schwingel und Blaustrahlhafer sind schöne Partner.

◁ Spanische Edeldistel *Eryngium bourgatii*

Blüte: *stahlblau, Juni bis Juli* **Höhe:** *40 cm*
Bizarre Staude, die dank ihrer verzweigten Blütenstängel und steifen Blütenstände ein wertvolles grafisches Element im Kiesgarten ist. Eine Zierde sind die starren graugrünen Blätter mit heller Zeichnung in der Mitte. Auch die Fruchtstände bleiben lange attraktiv. Sie sollten die Stängel daher erst am Ende des Winters abschneiden. Gelungene Kombinationen ergeben sich mit Heiligenkraut, Zwerg-Eberraute und Federgräsern. Kräftiger gefärbte Blüten besitzt die Violette Edeldistel (*Eryngium × zabelii* 'Violetta'). Bei ihr sind die Hochblätter, die die Blütenstände umgeben, gefranst.

◁ **Kardendistel** *Morina longifolia*

Blüte: *weiß und rosa, Juni bis August* **Höhe:** *30–70 cm*
Eine bizarre und formschöne Staude mit zarten Blüten. Die Pflanzen bilden aus dunkelgrünen, dornig bewehrten Blättern grundständige, noch im Winter grüne Rosetten. Im Sommer werden sie von beblätterten, etwas steif wirkenden Blütenständen überragt. Die von reinem Weiß in zartes Rosa changierenden Blüten locken mit feinem Duft Insekten und Schmetterlinge an. Platzieren Sie keine zu stark wachsenden Nachbarn neben der Art. Am besten kommt die Kardendistel zur Geltung, wenn sie von niederen Partnern umgeben ist. Federgräser, Thymian, Zwerg-Wermut und Scheinkamille passen gut ins Umfeld.

▷ **Eselsdistel** *Onopordum acanthium*

Blüte: *purpurfarben, Juni bis September* **Höhe:** *150–300 cm*
Imposante und ornamentale Distel, die übermannshoch werden kann. Die nur zweijährige Pflanze bildet im ersten Jahr grundständige Rosetten. Im folgenden Jahr erheben sich daraus kräftige, sparrig verzweigte, grau belaubte Stängel. Die riesige Pflanze setzt markante Akzente. Da die Blüten wenig auffällig sind, lassen sich die bizarren Gestalten vielfältig kombinieren. Schneiden Sie die Eselsdistel erst im Frühjahr ab, da sie den ganzen Winter lang eine Zierde ist. Dadurch geben Sie der Art auch die Chance, sich im Garten auszusamen. Wo die Sämlinge genug Platz finden, dürfen sie bleiben. Wo nicht, werden sie besser entfernt.

◁ **Elfenbeindistel** *Eryngium giganteum*

Blüte: *silbrig, Juli bis August* **Höhe:** *60–80 cm*
Eine auffällige Edeldistel, deren Blüten in zylindrischen Blütenständen angeordnet sind. Die umgebenden Hüll- blätter sind silbrig weiß gefärbt. Die kurzlebige Art ver- samt sich im Kiesgarten und erscheint oft unvermutet an anderen Stellen. Überzählige Sämlinge sollten Sie jäten. Nur wenn sich die Pflanzen zu stark aussäen, schneiden Sie die Stängel nach der Blüte ab. Sonst warten Sie mit dem Rückschnitt bis Ende des Winters, denn die Pflanzen tragen zu zauberhaften Winterbildern bei. Besonders im Raureif ergeben sich oft schöne Szenerien im Zusammen- spiel mit Lavendel, Fetthennen und Gräsern.

Graulaubige Stauden

◁ **Perlpfötchen** *Anaphalis triplinervis*

Blüte: *weiß, Juli bis Oktober* **Höhe:** *30–50 cm*
Im Gegensatz zur Silberimmortelle *(Anaphalis margaritacea)* bildet das Perlpfötchen keine Ausläufer, sondern wächst horstartig. Das erspart auf kleinen Flächen die Arbeit, dem Wuchern Einhalt zu gebieten. Die graugrün belaubte Pflanze blüht lange Zeit. Laubschmuck und milchweiße Blüten lassen vielfältige Kombinationen zu. Attraktive Partner sind Italienische Ochsenzunge, Steppen-Wolfsmilch, Lavendel und Blaustrahlhafer. Neben der Art ist die klein- und kompaktwüchsige Sorte 'Sommerschnee' sehr zu empfehlen. Sie blüht früh und sehr lange.

▷ **Silber-Wermut** *Artemisia ludoviciana*

Blüte: *unscheinbar gelblich, Juli bis August* **Höhe:** *50–90 cm*
Die Blattschmuckstaude überzeugt weniger durch ihre Blütenstände als durch ihr silbriges Laub. Zerreibt man die Blätter, verströmen sie einen herb-aromatischen Duft. Setzen Sie die starkwüchsige und Ausläufer bildende Art mit Bedacht ein. Allzu leicht überwuchert sie schwächere Nachbarn. Bei genügend Platz eignet sich der Silber-Wermut, kombiniert mit anderen robusten Arten, für pflegearme Pflanzungen. Kugeldisteln, Zypressen-Wolfsmilch und wüchsige Katzenminzen sind gute Partner. Der Römische Wermut *(Artemisia pontica)* wächst noch stärker. Man sollte ihn daher im Kiesgarten nur sehr vorsichtig verwenden.

◁ **Zwergiger Silber-Beifuß** *Artemisia schmidtiana* 'Nana'

Blüte: *unscheinbar silbrig weiß, Juni bis Juli* **Höhe:** *25–30 cm*
Der Zwergige Silber-Beifuß wirkt durch sein silbriges, sehr filigranes Laub vornehm und zurückhaltend. Die Pflanzen bilden niedere, halbkugelförmige Horste. Auf durchlässigen, nährstoffarmen Böden zeigt sich die Sorte von ihrer besten Seite. Hier bleiben die Horste kompakt und fallen weniger auseinander als auf nährstoffreichen Böden. Schöne Pflanzbilder entstehen im Zusammenspiel mit andersartigen Wuchs- und Blattformen. Gute Nachbarn sind deshalb Junkerlilie, Riesenschleierkraut, Steppen-Wolfsmilch oder Gräser wie Riesen-Federgras und Blaustrahlhafer.

◁ Kretische Schwarznessel *Ballota pseudodictamnus*

Blüte: *weißlich, Juli bis August* **Höhe:** *30–40 cm*
Außergewöhnliche und sehr aparte Blattschmuckstaude. Die ganze Pflanze ist auffällig flauschig behaart und weiß-silbrig gefärbt. Die etagenförmigen Blütenstände wirken mehr über ihre Form als durch auffällige Farben. Die wärmeliebenden Pflanze übersteht den Winter problemlos, wenn Sie sie auf gut durchlässigem Untergrund pflanzen. Am wohlsten fühlt sie sich vor einer Südwand. Hier bleibt das Laub den Winter über ansehnlich. Das graue Laub ist eine gute Ergänzung zu farbintensiven Blüten. Edle Bilder entstehen mit blauer Bart-Iris, Lavendel und Heiligenkraut.

▷ Wüsten-Goldaster *Eriophyllum lanatum*

Blüte: *goldgelb, Juni bis August* **Höhe:** *20–30 cm*
Diese genügsame Staude scheint die kalifornische Sonne in den Garten zu bringen. Sie schmückt nicht nur mit ihren goldgelben Asternblüten, sondern auch durch ihr geschlitztes Silberlaub. Im Kiesgarten ist die Art ausdauernd, da die Pflanzen hier nicht unter winterlicher Nässe leiden. Es genügt, wenn Sie sie am Ende des Winters zurückschneiden. Die Blüten kontrastieren gut zu Blaurauten, Katzenminzen und Lein. Farblich harmoniert die Wüsten-Goldaster mit der Teppich-Nachtkerze und verschiedenen Mauerpfeffer-Arten.

◁ Walzen-Wolfsmilch *Euphorbia myrsinites*

Blüte: *honiggelb, Mai bis Juni* **Höhe:** *15–25 cm*
Die auffälligen walzenförmigen Triebe haben der wintergrünen Pflanze zu ihrem Namen verholfen. Die blaugrauen Blätter sind spiralförmig um dickfleischige Stängel angeordnet. Im Frühjahr erscheinen an den Stängelenden hellgelbe Blüten. Damit die Pflanzen kompakt bleiben und nicht so schnell vergreisen, schneidet man abgeblühte Triebe am Boden ab. Beim Arbeiten mit Wolfsmilch-Arten sollten Sie stets Handschuhe tragen, weil ihr Milchsaft die Haut reizt. Schöne Kombinationen ergeben sich mit Armenischem Ehrenpreis, Zwerg-Iris, Blauzungen-Lauch, Traubenhyazinthen sowie Blau-Schwingel .

Sukkulenten

◁ Rote Mittagsblume *Delosperma cooperi*

Blüte: *korallenrot, Juli bis Oktober* **Höhe:** *10–15 cm*
Ein exotischer Dauerblüher aus Südafrika. Im Kiesgarten hält die Art oft jahrelang aus und bildet breite Teppiche. In kalten Wintern besteht jedoch die Gefahr, dass die Pflanzen leiden. In kühleren Regionen setzen Sie Mittagsblumen deshalb am besten vor eine warme Südwand. An sonnigen Tagen mit starkem Frost schützt man die Pflanzen mit wenigen Fichtenzweigen vor der Wintersonne. Decken Sie die Pflanzen nicht zu üppig ab, damit sie nicht unter Feuchtigkeit leiden. Stimmige Kombinationen entstehen mit Feigenkaktus, Palmlilie und Flausch-Federgras. Die Gold- Mittagsblume (*Delosperma congestum* 'Golden Nugget') blüht leuchtend gelb.

▷ Weißer Mauerpfeffer *Sedum album*

Blüte: *weiß, Juni bis August* **Höhe:** *5–10 cm*
Zierliche heimische Art, die aus kleinen, dickfleischigen Sprossen wintergrüne Teppiche bildet. Bei großer Trockenheit und im Winter verstärkt sich die Rottönung der Pflanzen. Die Blüten sind weiß und mitunter leicht rosa angehaucht. Die Art wächst noch an den kärgsten Stellen. Meist reicht es, wenn Sie Sprosse abschneiden und ausstreuen. Sie bilden Wurzeln und brauchen kaum Pflege. Gute Partner sind andere Mauerpfeffer-Arten, Mittagsblumen, Blau-Schwingel und zierliche Lauch-Formen. 'Coral Carpet' ist wüchsig und hat braun- bis korallenrote Blätter. 'Murale' blüht rosa. 'Chloroticum' wächst schwach und ist hellgrün gefärbt.

◁ Vieldorniger Feigenkaktus *Opuntia polyacantha*

Blüte: *gelb, Juni bis Juli* **Höhe:** *20–40 cm*
Sehr anpassungsfähige, extrem trockenheitsverträgliche Kakteenart, die in Kiesgärten gut und auch unter Dachvorsprüngen noch gedeiht. Auf durchlässigen Kiesflächen ist kein Schutz vor Regen nötig. Die bizarre, dickfleischige Pflanze bildet flache, rundliche Triebabschnitte, die mit zahlreichen Dornen besetzt sind. Tragen Sie bei der Arbeit deshalb feste Lederhandschuhe. Im Sommer überrascht die Art mit großen gelben Blüten. Sorten wie 'Wibke' oder 'Chrystal Pink' blühen rosa. Geeignete Nachbarn für die Kakteen sind Palmlilien und Mittagsblumen.

◁ Felsen-Fettblatt *Sedum cauticola*

Blüte: *purpurrot, August bis September* **Höhe:** *10–15cm*
Dekorative Blatt- und Blütenschmuckstaude mit fleischigen, rundlichen, graugrün getönten Blättern, die sich im Herbst rotviolett färben. Sie harmonieren gut mit den letzten purpurroten Blütenschirmen. Im Kiesgarten verlangen die flach kissenförmig wachsenden Pflanzen kaum Pflege. Prächtige Bilder ergeben sich mit Blauraute, Berg-Astern, Zwerg-Wermut und Blau-Schwingel. Stärker und bis zu 25 cm hoch wächst die Sorte 'Robustum'. Purpurfarbenes Laub präsentiert die Sorte 'Bertram Anderson'. Nur 5 cm hoch wird das graue Spatelblättrige Fettblatt (*Sedum spathulifolium* 'Cape Blanco').

▷ Reichblühendes Fettblatt

Sedum floriferum 'Weihenstephaner Gold'

Blüte: *gelb, Juni bis Juli* **Höhe:** *10–20 cm*
Üppig blühende und äußerst zuverlässige Sorte, die im Kiesgarten schöne Teppiche bildet. Die wintergrüne Pflanze leidet weder unter Trockenheit noch unter kurzzeitiger Nässe. Etwas hellere Blüten und breitere Blätter zeigt das Immergrüne Garten-Fettblatt (*Sedum hybridum* 'Immergrünchen'). Es bildet ebenfalls dichte Matten, die sich im Winter rötlich färben. Beide Arten sind im Kiesgarten pflegeleicht und vielfältig einzusetzen. Passende Begleiter sind Junkerlilien, Steppenkerzen, Zwerg-Wermut, Katzenminzen und Blaustrahlhafer.

◁ Pracht-Fetthenne *Sedum spectabile* 'Brillant'

Blüte: *purpurrosa, August bis September/Oktober*
Höhe: *40–50 cm*
Stets ansehnliche Staude mit hellen, bläulich-grünen Blättern und großen Blütenschirmen. Schon der Austrieb der aufrecht wachsenden Pflanze ist hübsch. Und noch weit über die Blütezeit bleiben die Fruchtstände attraktiv. Schneiden Sie die Pflanze daher erst Ausgang des Winters zurück. Abwechslung bringen die zart karminrosa blühende Sorte 'Carmen' und 'Stardust', eine Spielart mit milchweißen Blütenschirmen. Sie alle sind schön in Kombination mit höheren Gräsern wie Silberährengras oder Magellan-Blaugras. Ödland-Aster und Blauraute passen ebenso gut dazu wie Katzenminze und Woll-Ziest.

Zarte Blütenschleier

▷ Astlose Graslilie *Anthericum liliago*

Blüte: *weiß, Mai bis Juni* **Höhe:** *30–80 cm*
Grazile, heimische Art, die einen lockeren Schleier über die Pflanzfläche legt. Dank der duftig weißen Blüten und der wenig auffallenden grasartigen Blätter können Sie die genügsame Staude mit nahezu allen Pflanzen im Kiesgarten kombinieren. Wichtig ist nur, dass sie nicht von starkwüchsigen Nachbarn bedrängt wird. Pflanzen Sie also keine Ausläufer bildenden Arten wie Römischen Wermut oder Zypressen-Wolfsmilch in die Nachbarschaft. Passt gut in Naturgärten. Sie bildet auch einen exzellenten Übergang von sonnigen Bereichen zu Gehölzen. Die Ästige Graslilie *(Anthericum ramosum)* blüht etwas später, ihre Blütenstände sind verzweigt.

◁ Kleinblütige Bergminze *Calamintha nepeta*

Blüte: *weiß, Juni bis September* **Höhe:** *30–40 cm*
Die vielen kleinen Lippenblüten der Bergminze locken Insekten an. Die lange blühende Staude ist nicht nur hübsch, sondern auch ein Dufterlebnis. Ihre dunkelgrünen Blätter verströmen beim Zerreiben einen minzeartigen Geruch. Oft bildet die Art viele Sämlinge. Wünschen Sie das nicht, schneiden Sie die Pflanzen nach der Blüte bis auf den Boden zurück oder pflanzen Sie die Unterart *Calamintha nepeta* subsp. *nepeta*. Diese strahlend weiß blühende Variante sät sich nicht aus. 'Blue Cloud' blüht violett und bildet reichlich Sämlinge.

▷ Fenchel *Foeniculum vulgare*

Blüte: *honiggelb, Juni bis September* **Höhe:** *80–160 cm*
Hochwüchsig und doch filigran legt der Fenchel zarte Schleier über niedere Begleiter. So verweben die Pflanzen ganze Areale optisch zu einem harmonischen Ganzen. Verteilen Sie immer mehrere Exemplare in rhythmischen Abständen über die Pflanzfläche. Da die Art meist nur zweijährig ist, sollten Sie sie nicht gleich nach der Blüte zurückschneiden. Oft bildet sie Sämlinge und bleibt so der Pflanzung erhalten. Ein besserer Schnitttermin ist Ende Februar, dann bereichert die Art stimmungsvolle Winterbilder. Fenchel ist uns als Gemüse bekannt, als Gartenstaude bildet er jedoch keine Knollen. Dekorativ ist die Sorte 'Purpureum' mit bräunlichem Laub.

▷ Rispiges Schleierkraut *Gypsophila paniculata*

Blüte: *weiß, Juni bis September* **Höhe:** *60–100 cm*
Die Pflanze bildet lockere, transparente Schleier, die sich schön über niedere Partner legen. Im Garten fühlt sich das aus Steppen stammende Schleierkraut auf durchlässigen Untergründen viel wohler als auf schweren Böden. Sie können es mit nahezu allen anderen Pflanzen des Kiesgartens kombinieren. Geben Sie der Pflanze Platz, sich zu entwickeln, dann wird sie nirgends stören. Schöne Sorten sind 'Bristol Fairy' mit kleinen gefüllten Blüten und 'Flamingo' mit zartrosafarbenem Flor. Noch farbkräftiger ist *Gypsophila* 'Rosenschleier'. Die rosa blühende Hybride wächst kompakter und wird nur knapp 50 cm hoch.

◁ Tatarenschleier, Statice
Goniolimon tataricum

Blüte: *weiß, Juli bis August* **Höhe:** *30–40 cm*
Diese Art wartet im Sommer mit duftigen Blütenschleiern auf. Sie erscheinen über bodenständigen Blattrosetten, die sich aus großen lanzettlichen Blättern zusammensetzen. Die Blütenstände sind ein schöner Vasenschmuck und lassen sich gut trocknen. Im Kiesgarten können Sie die Pflanzen vielfältig kombinieren. Nur stark- und hochwüchsige Partner sollten Sie als Nachbarn meiden. Gefällige Bilder entstehen mit Federgräsern, Zwerg-Wermut, Kron-Lichtnelken und Hain-Salbei. Die Fruchtstände bleiben den ganzen Winter über ansehnlich. Schneiden Sie sie daher erst Ende Februar ab.

▷ Prachtkerze *Oenothera* (syn. *Gaura*) *lindheimeri*

Blüte: *weiß, Juni bis Oktober* **Höhe:** *60–110 cm*
Die Prachtkerze fasziniert über Monate mit zarten Blütenschleiern. Wenn sich die Pflanzen elegant im Wind bewegen, wirken die weißen Blüten wie kleine Schmetterlinge. Obwohl die Art kurzlebig und in kühlen Regionen nicht sicher winterhart ist, bleibt sie im Kiesgarten erhalten, weil sie zahlreiche Sämlinge bildet. So streunt die Prachtkerze durch die Pflanzung und erscheint oft an unerwarteten Stellen. Wo sie zu üppig wird, sollten Sie lenkend eingreifen und jäten. Die Art passt zu fast allen Pflanzen im Kiesgarten. Schöne Sorten sind die groß- und weißblütige 'Whirling Butterflies' und die rosa blühende 'Siskiyou Pink'.

Zarte Blütenschleier

◁ Kriechendes Schleierkraut *Gypsophila repens*

Blüte: *weiß, Mai bis August* **Höhe:** *10–25 cm*
Die kleinere Ausgabe des Schleierkrauts fühlt sich im Kiesgarten richtig wohl. Hier erweist sich die Art als ausdauernd und verlangt nur wenig Pflege. Starkwüchsige Partner im Umfeld sollten Sie jedoch meiden. Am besten setzen Sie das Kriechende Schleierkraut zu niederen Pflanzen, die dann von den zarten Blütenschleiern sanft umspielt werden. Bezaubernde Bilder ergeben sich zusammen mit Grauem Storchschnabel, Lein, Polster-Seifenkraut, Walzen-Wolfsmilch und Blau-Schwingel. Abwechslung bringen die beiden rosa blühenden Sorten 'Letchworth' und 'Rosa Schönheit'.

▷ Berg-Laserkraut *Laserpitium siler*

Blüte: *weiß, Juli bis August* **Höhe:** *70–110 cm*
Filigran und doch imposant – so präsentiert sich das Berg-Laserkraut im Kiesgarten. Die blaugrünen Blätter der in Süd- und Mitteleuropa beheimateten Staude sind mehrfach gefiedert. Darüber erheben sich im Hochsommer beeindruckende Blütenschirme. Geben Sie der Pflanze ausreichend Platz und Zeit, um sich zu entwickeln. Wenn Sie genügend Geduld aufbringen, werden Sie von der langlebigen Staude begeistert sein. Da sie den ganzen Winter über hübsch aussieht, sollten Sie sie erst im zeitigen Frühjahr zurückschneiden. Gefällige Partner sind Blut-Storchschnabel, Königskerzen, Federgräser und Perlgras.

◁ Strandflieder *Limonium latifolium*

Blüte: *hellviolett, Juni bis Juli* **Höhe:** *50–80 cm*
Die zarten Schleier des Strandflieders vermitteln hervorragend als Bindeglied zwischen verschiedenartigen Nachbarn. Achten Sie jedoch darauf, dass der widerstandsfähigen Pflanze ausreichend Platz bleibt. Zu stark bedrängt werden will sie nicht. Ansprechende Bilder ergeben sich mit Zwerg-Wermut, Edeldisteln, Federgräsern oder Blau-Schwingel. Die Fruchtstände sind den ganzen Winter über hübsch, schneiden Sie sie also erst im zeitigen Frühjahr ab. Wollen Sie die Blütenstände für Trockensträuße verwenden, schneiden Sie diese am besten, wenn sie voll ausgefärbt sind.

◁ **Stauden-Lein** *Linum narbonense*

Blüte: *hellblau, Mai bis Juli* **Höhe:** *30–50 cm*
Die grazile und doch auffallende Art stammt aus dem Mittelmeergebiet. Sie bildet transparente, lockere Horste. Die himmelblauen Schalenblüten erscheinen in großer Zahl und harmonieren gut mit den schmalen blaugrünen Blättern. Ähnlich ist der bei uns heimische Ausdauernde Lein *(Linum perenne)*. Er ist im Naturgarten der fremdländischen Art vorzuziehen. Auf geeigneten Standorten sät sich der Lein gelegentlich aus. Man muss die Sämlinge jedoch nur selten jäten. Beide Lein-Arten können Sie vielseitig kombinieren. Schöne Partner sind Junkerlilien, Bart-Iris sowie das Gold-Fingerkraut.

▷ **Purpur-Leinkraut** *Linaria purpurea*

Blüte: *purpurviolett, Juni bis Oktober* **Höhe:** *60–80 cm*
Die zierliche, aufstrebende Pflanze bildet kerzenartige Blütenstände. Die violetten Blüten harmonieren gut mit dem blaugrauen Laub. Auf passenden Standorten sät sich die kurzlebige Staude reichlich aus. Doch nur selten stören die Sämlinge. Entfernen Sie sie nur dort, wo sie in andere Pflanzen hineinwachsen. Wenn die reizende Art locker über die Fläche verteilt wird und niedrige Partner überragt, bildet sie fast den ganzen Sommer über lichte Blütenschleier. Hübsch ist auch die zartrosa Sorte 'Canon J. Went'. Schöne Partner sind Prachtkerzen, Strandflieder, Bergminzen sowie Purpur-Witwenblume.

◁ **Argentinisches Eisenkraut** *Verbena bonariensis*

Blüte: *violett, Juli bis Oktober* **Höhe:** *100–140 cm*
Bizarre Staude, die auf steifen, oben starr verzweigten Stängeln zahlreiche Einzelblüten in dichten doldenartigen Köpfchen trägt. Wenn Sie mehrere Pflanzen im Kiesgarten verteilen, überziehen die unermüdlichen Blüher die Pflanzung wie mit einem Schleier. Die Art ist nur in wärmeren Regionen ausdauernd. In kühleren Gegenden pflanzt man sie im Mai als Einjährige. Im Kiesgarten erhält sie sich oft durch Aussaat. Prächtige Bilder entwickeln sich mit Prachtkerze, Fenchel und dem Silberährengras. Exklusiv wirken Kombinationen mit Duftnessel, Silber-Wermut und Lavendel.

Kurzlebige Stauden auf Stippvisite

▷ Italienische Ochsenzunge *Anchusa azurea*

Blüte: *azurblau, Mai bis Juni* **Höhe:** *50–120 cm*
Es gibt nicht viele Pflanzen, deren Blüten ein so strahlendes Azurblau bieten wie die aus Südeuropa stammende Ochsenzunge. Die Ochsenzunge zählt zu den Blendern: Die Art entwickelt sich rasch und beeindruckt in den ersten beiden Jahren durch überreichen Flor. Bald jedoch verschwindet die kurzlebige Staude wieder. Auf geeigneten Standorten erhält sie sich durch Aussaat. Entstehen zu viele Sämlinge, jäten Sie diese aus. Attraktive Bilder ergeben sich mit Orientalischem Mohn und Silber-Wermut. Höherwüchsige Sorten sind 'Dropmore' und 'Loddon Royalist'. 'Little John' wird dagegen nur 50 cm hoch.

◁ Färberkamille *Anthemis tinctoria*

Blüte: *gelb, Juni bis September* **Höhe:** *60–100 cm*
Bereits ein Jahr nach der Pflanzung beeindruckt die Färberkamille mit überragender Blütenfülle. Ihre fiederteiligen, stumpfgrün gefärbten Blätter riechen beim Zerreiben würzig. Wenn Sie die kurzlebige Staude nach der Blüte vollständig zurückschneiden, lässt sich ihre Lebensdauer etwas verlängern. Die heimische Art sät sich mitunter reichlich aus und passt gut in Naturgärten. Attraktiv und großblumig sind die Sorten 'Wargrave' und 'Beauty of Grallagh'. Beide blühen dottergelb. 'Sauce Hollandaise' blüht zart cremegelb. Passende Partner sind Salbei, Gold-Garben, Zwerg-Alant oder Lavendel.

▷ Kronen-Lichtnelke *Lychnis coronaria*

Blüte: *magentarot, Juni bis September* **Höhe:** *40–70 cm*
Intensive Blütenfarbe und graues Laub kennzeichnen diese kurzlebige Pflanze. Die grundständigen Blattrosetten werden von sparrig verzweigten Blütenstielen überragt. Den ganzen Sommer über öffnen sich neue Blütenknospen zu auffälligen, leuchtkräftigen Blüten. Im Garten erhält sich die Art durch starke Selbstaussaat. Entfernen Sie überzählige Sämlinge konsequent. Die magentaroten Blüten der Art passen ausgezeichnet zu Blauraute, Lavendel, Hain- Salbei, Katzenminze und graulaubigen Stauden. Die weiß blühende Sorte 'Alba' ist weit vielfältiger zu verwenden.

▷ Muskateller-Salbei *Salvia sclarea*

Blüte: *hellviolett und weiß, Juni bis September*
Höhe: *80–140 cm*
Eine zweijährige Pflanze, die erst grundständige Rosetten bildet und im nächsten Jahr mit spektakulären Blütenständen überrascht. Die großen Blätter sind graugrün gefärbt. Zerreibt man sie zur Blütezeit, duften sie herbwürzig. Im Kiesgarten erhält sich der Dauerblüher durch Selbstaussaat. Wo die Sämlinge eine Bereicherung für die Pflanzung sind, lässt man sie stehen. Nur wenn zu viele Sämlinge entstehen, sollten Sie die Blütenstände am Ende des Flors abschneiden. Die Fruchtstände sind nämlich auch den Winter über ansehnlich. Eindrucksvolle Bilder ergeben sich mit Lavendel, Steppen-Wolfsmilch und Palmlilie.

◁ Seidige Königskerze *Verbascum bombyciferum*

Blüte: *gelb, Juli bis September* **Höhe:** *120–160 cm*
Eindrucksvolle, zweijährige Pflanzen mit dekorativen weißfilzigen Blütentrieben und silbrig behaarten Blättern. Sie bilden im ersten Jahr kräftige Blattrosetten. Im zweiten Jahr entwickeln sie aufstrebende Stängel. Im Garten erhält sich die Art durch Aussaat. Nur wo genügend Platz ist und andere Arten nicht gefährdet werden, sollten Sie Sämlinge belassen. Breitet sich die Art zu sehr aus, entfernen Sie die Pflanzen nach der Blüte ganz. Im Naturgarten kommt die heimische Großblütige Königskerze *(Verbascum densiflorum)* zu ihrem Recht. Sie wird noch höher und bildet riesige stumpfgrüne Blätter und lang gestreckte, meist unverzweigte Blütenkerzen.

▷ Grauer Bergfenchel *Seseli gummiferum*

Blüte: *weiß, Juli bis August* **Höhe:** *60–80 cm*
Ein imposanter Doldenblütler mit filigranem, graugrünem Laub und großen, schirmförmigen Blütenständen. Die Pflanze bildet kräftige Stängel und fein zerteilte Fiederblätter. Sie ist meist zweijährig, doch im Garten erhält sie sich an zusa genden Stellen durch Selbstaussaat. Schneiden Sie die Pflanzen nur dann nach der Blütezeit zurück, wenn sie sich zu stark ausbreiten. Sonst ist es viel schöner, wenn die markanten Gestalten der Pflanzung noch über den Winter hinweg Struktur verleihen. Eindrucksvolle Bilder entstehen mit Palmlilien, Steppen-Wolfsmilch, Katzenminzen und Edeldisteln.

Niedrige, bodenbedeckende Stauden

◁ Kleinblättriges Stachelnüsschen

Acaena microphylla

Blüte: *cremefarben, Mai* **Höhe:** *5–15 cm*
Die cremefarbenen Blüten des Stachelnüsschens fallen nur wenig auf. Dafür schmücken die rostroten igelförmigen Früchte von Sommer bis Herbst. Die zierliche Staude aus Neuseeland entpuppt sich als wüchsig und vital. Sie bildet niedere, aber dichte olivgrüne Teppiche. Etwa neun Exemplare pro Quadratmeter reichen für einen lückenlosen Bewuchs. Um Frostschäden zu vermeiden, sollten Sie die wintergrüne Pflanze durch Fichtenzweige vor der Wintersonne schützen. Auf durchlässigen Böden verlangt sie sonst kaum Pflege. Schön sind Kombinationen mit Zwiebel-Iris oder Krokus, Fackellilien, Zwerg-Silberraute oder Lein.

▷ Silber-Hornkraut

Cerastium tomentosum var. *columnae*

Blüte: *weiß, Mai bis Juni* **Höhe:** *10 cm*
Das Hornkraut bildet niedrige, silbergraue Teppiche. Im Frühjahr schweben zahlreiche weiße Blüten darüber. Nach dem Flor sollten Sie die Pflanzen etwa auf die Hälfte ihrer ursprünglichen Höhe zurückschneiden. Sie wachsen dann dichter und verkahlen weniger schnell. Die ansehnlichen Pflanzen lassen sich vielfältig kombinieren. Achten Sie jedoch darauf, dass keine hochwüchsigen Nachbarn die niedrigen Pflanzen beschatten oder gar bedrängen. Im Kiesgarten sind Gräser wie der Schaf-Schwingel oder Federgräser, Pfingst-Nelken, Lein und Aschgrauer Storchschnabel geeignete Nachbarn.

◁ Teppich-Nachtkerze *Oenothera macrocarpa*

Blüte: *gelb, Mai bis September* **Höhe:** *15–25 cm*
Attraktiv durch große, leuchtkräftige Schalenblüten. Der unermüdliche Dauerblüher bildet breite, niedere Teppiche. Diese sehen prächtig aus, wenn sie locker über kleine Mauern oder größere Steine hängen und verlangen wenig Pflege. Es genügt, wenn Sie die Pflanzen im Spätherbst zurückschneiden. Gefällige Nachbarn sind Katzenminzen, Salbei, Mauerpfeffer und Opuntien. Farbliche Abwechslung bringt die Rosa Teppich-Nachtkerze (*Oenothera speciosa* 'Siskiyou') mit zahlreichen zartrosafarbenen Blüten. Im Gegensatz zur gelben Verwandten bildet sie Ausläufer und ist nicht immer zuverlässig winterhart.

◁ **Sonnenröschen** *Helianthemum nummularium*

Blüte: *gelb, Mai bis Juni* **Höhe:** *10–15 cm*
Heimische Art, die sich gut für den naturnahen Kiesgarten eignet. Sie überzeugt durch leuchtend gelbe Blüten und wintergrünes Laub. Nach dem Flor kräftig zurückschneiden, damit die Pflanzen kompakt bleiben und nicht so schnell vergreisen. Schön zu Küchenschelle, Adonisröschen, Lein und Weißem Mauerpfeffer. Auf höhere und starkwüchsige Nachbarn sollten Sie verzichten. Hybriden bringen farbliche Abwechslung. Bewährt haben sich 'Sterntaler' mit großen goldgelben, 'Rotkehlchen' mit rotbraunen und 'Lawrenson's Pink' mit rosafarbenen Blüten. Sie lassen sich mit Zwerg-Iris und Wildtulpen kombinieren.

▷ **Orangerotes Habichtskraut** *Hieracium aurantiacum*

Blüte: *orange, Juni bis August* **Höhe:** *15–25 cm*
Fällt durch farbintensive Blüten ins Auge. Auf kalk- und nährstoffarmen Standorten breitet sich die Art durch Ausläufer und Aussaat stark aus. Setzen Sie sie daher nur dort ein, wo stark- und höherwüchsige Partner das Terrain beherrschen. Zusammen mit Brandkraut, Königskerzen, Tripmadam und Blaustrahlhafer entstehen pflegearme Pflanzungen. Eine farbliche Alternative ist das gelb blühende Mausöhrchen (*Hieracium pilosella* 'Niveum') mit weißfilzigen Blättern. Das Rote Habichtskraut (*Hieracium × rubrum*) bildet keine Sämlinge, dehnt sich weniger stark aus und eignet sich deshalb gut für kleine Gärten.

◁ **Cambridge-Storchschnabel**
Geranium × cantabrigiense

Blüte: *rosa, Mai bis Juni* **Höhe:** *20–30 cm*
Ebenso verlässlicher wie pflegeleichter Bodendecker für kleine Flächen. Die langlebige Staude bildet kleine wintergrüne Teppiche. Ihr Laub ist aromatisch. Im Frühjahr wird es von zahlreichen Blüten überragt. Mithilfe kräftiger Rhizome breitet sie sich allmählich aus. Wenn die bedeckten Flächen zu groß werden, stechen Sie einfach Teile davon mit dem Spaten ab. Empfehlenswerte Sorten sind die purpurrosa blühende 'Berggarten' und 'Saint Ola', deren weißen Blüten wegen der Staubfäden leicht rosa schimmern. Gute Partner sind Wald-Anemone, Bergenien und Schnittlauch .

Niedrige, bodenbedeckende Stauden

▷ Polster-Seifenkraut *Saponaria ocymoides*

Blüte: *rosa, Mai bis Juli* **Höhe:** *20–40 cm*
Zart aussehendes, doch robustes Kleinod für den Kiesgarten. Die überaus reich blühende Art bildet niedrige, breite Polster. Auf warmen Standorten versamt sie sich reichlich. Wo die Sämlinge stören, sollten Sie sie frühzeitig entfernen. Ein rechtzeitiger Rückschnitt zum Ende ihrer Blütezeit auf die Hälfte ihrer ursprünglichen Größe wirkt der starken Selbstaussaat entgegen und hält die Polster kompakt. Brillante Bilder entstehen mit Spornblumen, Polster-Schleierkraut, Blut-Storschnabel und Kugel-Lauch. Die Sorte 'Snow Tip' blüht weiß.

◁ Teppich-Fettblatt *Sedum spurium*

Blüte: *rosa, Juni bis August* **Höhe:** *10–20 cm*
Verlässlicher Bodendecker, der kaum Pflege verlangt. Die Art bildet niedrige Matten, über die im Sommer silbrig rosafarbene Blütenstände ragen. Die Sorte 'Fuldaglut' wartet mit kupferfarbenem Laub und zahlreichen purpurroten Blüten auf. Zuverlässig und bewährt ist auch 'Album Superbum'. Sie bildet dichte wintergrüne Teppiche, blüht aber nur schwach. Alle Formen können Sie gut zu Bart-Iris, Steppen-Wolfsmilch, Meerlavendel und Silberährengras pflanzen. Die Sorte 'Album Superbum' eignet sich gemeinsam mit dem Cambridge-Storchschnabel gut für den Übergang vom Kiesgarten zum Rand von Gehölzen.

▷ Große Braunelle *Prunella grandiflora*

Blüte: *purpurviolett, Juli bis August* **Höhe:** *15–25 cm*
Heimische Art, die vor allem im Natur-Kiesgarten einen Platz verdient. Sie fällt durch walzenförmige Blütenstände auf und wächst teppichartig. Da sie Absenker und Sämlinge bildet, sollten Sie sie nur auf größeren Flächen einsetzen. Die Art gedeiht noch im Umfeld von Gehölzen, sodass sie sich gut für den Übergang vom Kiesgarten zu benachbarten Gartenbereichen eignet. Etwas weniger stark wachsen 'Alba', die weiß blüht, und 'Loveliness' mit zart rosafarbenen Blüten. Art und Sorten wirken ansprechend mit Wald-Anemone, Wiesen-Salbei, Silberdistel, Karthäuser-Nelke und Berg-Segge.

▷ **Silberblatt-Ehrenpreis** *Veronica spicata* subsp. *incana*

Blüte: *ultramarinblau, Juni bis Juli* **Höhe:** *20–30 cm*
Die dekorative Staude bildet silbriggraue Blattteppiche, über die im frühen Sommer aufrechte Blütenkerzen ragen. Nach dem Flor schneidet man die Blütenstängel ab, damit das Silberlaub wieder zur Geltung kommt. Bart-Iris, Gipskraut, Edeldisteln, Blaustrahlhafer und Blau-Schwingel sind ausgezeichnete Blühpartner. Der Niederliegende Ehrenpreis *(Veronica prostrata)* bringt bereits im Mai hellblaue Blütentrauben hervor. Er hat grüne Blätter. Die heimische Art können Sie gut im Naturgarten verwenden. Dort wirkt sie schön mit Weißem Mauerpfeffer und Karthäuser-Nelke.

◁ **Frühblühender Thymian** *Thymus praecox*

Blüte: *purpurrosa, Mai bis Juli* **Höhe:** *5–10 cm*
Reich blühende heimische Art, die dichte, wintergrüne Blattteppiche bildet, welche im Vorsommer unter einem Meer würzig duftender Blüten verschwinden. Es wirkt schön, wenn im Frühjahr erste Krokusse aus den dunkelgrünen Thymian-Teppichen wachsen. Übers Jahr sind dann Bart-Iris Lavendel, Muskateller-Salbei und Blau-Schwingel passende Nachbarn. Filzig behaarte Blätter kennzeichnen die Form 'Pseudolanuginosus', den Wolligen Thymian. Ebenso empfehlenswert ist 'Bressingham Seedling'. Sie bildet robuste, graugrüne Teppiche. Grünes Laub und kräftig purpurfarbene Blüten besitzt 'Atropurpureus'.

▷ **Woll-Ziest** *Stachys byzantina*

Blüte: *unscheinbar lilarosa, Juni bis Juli* **Höhe:** *10–25 cm*
Nahezu unentbehrliche Blattschmuckstaude mit filzig behaartem Laub. Ein Klassiker unter den Sorten ist 'Silver Carpet'. Sie wächst sehr zuverlässig und bildet durch Ausläufer lückenlose silbergraue Teppiche. Im Gegensatz zur Art blüht diese Form nicht. Das Entfernen der Blütenstände nach dem Flor entfällt somit. Besonders üppige Blütenstände zeigt hingegen 'Cotton Ball'. Beide Sorten passen zu fast allen anderen Pflanzen im Kiesgarten. Die grauen Teppiche werden niemals stören. Allerdings sollten Sie daran denken, dass die Teppiche immer breiter werden. Empfindliche Pflanzen sollten Sie daher nicht direkt neben den Woll-Ziest pflanzen.

Unermüdliche Dauerblüher

◁ Goldquirl-Garbe *Achillea clypeolata*

Blüte: *gelb, Juni bis August* **Höhe:** *40–60 cm*
Die Staude überzeugt durch reiche Blüte und silbergraue, stark fiederschnittige Blätter. Bei Raureif malen die schirmartigen Fruchtstände attraktive Bilder. Schneiden Sie die Pflanzen daher erst am Ende des Winters ab. Damit sie vital und blühfreudig bleiben, graben Sie die Horste alle drei bis vier Jahre aus, teilen sie und setzen sie an anderer Stelle wieder ein. Die Sorte 'Moonshine' hat etwas hellere, zitronengelbe Blüten. *Achillea* 'Coronation Gold' wird etwas höher, blüht goldgelb und akzeptiert auch schwerere, nährstoffhaltige Böden. Alle lassen sich bestens mit Sommer-Salbei, Färberkamille und Atlas-Schwingel arrangieren.

▷ Rote Spornblume *Centranthus ruber*

Blüte: *karminrosa, Mai bis Oktober* **Höhe:** *50–80 cm*
Ein unermüdlicher und attraktiver Dauerblüher aus dem Mittelmeergebiet. Die meist kurzlebigen Pflanzen fühlen sich im Kiesgarten wohl. Sie säen sich oft stark aus und bleiben dem Garten dadurch lange Zeit erhalten. Sie sollten entscheiden, welche der Sämlinge die Pflanzung bereichern und damit belassen werden können. Wo die Spornblume andere Pflanzen bedrängen könnte, sollten Sie die Sämlinge frühzeitig entfernen. Eine farbliche Alternative ist die weiß blühende Sorte 'Albus'. 'Coccineus' blüht kräftig karminrot.

◁ Quirlblütiger Salbei *Salvia verticillata* 'Purple Rain'

Blüte: *purpurfarben, Juni bis August* **Höhe:** *30–50 cm*
Dauerhaft und lange blühende Staude. Die purpurfarbenen Blüten bilden Quirle, die in Etagen übereinanderstehen. Die aufrecht horstartig wachsende Sorte verlangt kaum Pflege. Es reicht, wenn Sie die Pflanzen Ausgang des Winters zurückschneiden. Harmonische Bilder ergeben sich mit Weißfilziger Flockenblume, Wildem Majoran, Hain-Salbei und Atlas-Schwingel. Kräftig violettblaue Blüten kennzeichnen den heimischen Wiesen-Salbei *(Salvia pratensis)*. Er passt gut in einen natürlichen Kiesgarten. Nach der ersten Blüte schneidet oder mäht man ihn einfach ab. Er treibt dann wieder willig aus.

◁ Katzenminze *Nepeta racemosa*

Blüte: *blau, April bis September* **Höhe:** *20–40 cm*
Robuster, unermüdlicher Dauerblüher, der durch seinen herbaromatischen Geruch Katzen anlockt. Es ist gut, wenn Sie die Pflanzen nach der Hauptblüte vollständig zurückschneiden. Sie treiben daraufhin willig aus und bleiben dann bis weit in den Herbst hinein ansehnlich. Durch den Rückschnitt lässt sich auch die oft starke Selbstaussaat etwas einschränken. Unerwünschte Sämlinge frühzeitig entfernen. Eine gesunde und wüchsige Sorte ist 'Superba'. 'Alba' blüht weiß. 'Odeur Citron' ist ein aromatisches Highlight. Seine Blätter verströmen einen angenehmen Zitronenduft. Alle Katzenminzen sind sehr vielseitig zu kombinieren.

▷ Steppen-Wolfsmilch *Euphorbia seguieriana*

Blüte: *lichtgelb, Juni bis September* **Höhe:** *40–80 cm*
Die Art beeindruckt durch eine äußerst lange Blütezeit. Denn die Hochblätter, die die Blüten umgeben, zeigen noch Farbe, wenn die Samen bereits reifen. Ebenso attraktiv sind das blaugraue Laub und die halbkugelförmigen Horste. Tragen Sie beim Zurückschneiden der Pflanzen Ende des Winters wegen des giftigen Milchsafts Handschuhe. Hübsche Kombinationen ergeben sich mit Lavendel, Heiligenkraut, Blauraute, Katzenminze, Kugel-Lauch und Blaustrahl-Hafer. Die prachtvolle Gold-Wolfsmilch *(Euphorbia polychroma)* blüht bereits im April. Sie liebt etwas nährstoffreichere Standorte.

◁ Steppen-Salbei *Salvia nemorosa*

Blüte: *violett, Mai bis September* **Höhe:** *40–70 cm*
Zuverlässige Staude mit emporstrebendem Wuchs und langen Blütentrauben. Nach dem ersten Flor schneidet man die Pflanzen um die Hälfte zurück. Sie blühen dann ein zweites Mal. 'Mainacht' blüht besonders früh und dunkelviolett. 'Caradonna' fällt durch purpurfarbene Blütenstängel auf. 'Ostfriesland' blüht purpurviolett, 'Blauhügel' mittelblau, 'Porzellan' weiß, 'Rosenwein' rosa. Auf nährstoffarmen Böden sind die Pflanzen dankbar für eine Düngergabe im Frühjahr. Violettblaue Sorten kontrastieren gut mit Gold-Garben und Färberkamillen. Harmonische Bilder entstehen mit der Spornblume und der Kron-Lichtnelke.

Frühlingsblüher

▷ Pfingst-Nelke *Dianthus gratianopolitanus*

Blüte: *rosa, Mai bis Juni* **Höhe:** *15–25 cm*
Bildet formschöne Polster aus blaugrünen Blättern, aus denen die leicht duftenden Blüten ragen. Nach dem Flor schneiden Sie die Pflanzen kräftig zurück. Sie bleiben dann kompakt. Ansprechende Bilder entstehen mit Hornkraut, Polster-Seifenkraut und Aschgrauem Storchschnabel. Die hell violettrosa blühende 'Eydangeri' und der purpurrosa blühende 'Mirakel' sind bewährte und reich blühende Sorten. Die Feder-Nelke *(Dianthus plumarius)* blüht etwas später. Ihre Blütenblätter sind stärker eingeschnitten, und die Blüten duften angenehm. 'Maggie' hat gefüllte, rosa gefärbte Blüten, 'Diamant' blüht weiß.

◁ Zypressen-Wolfsmilch *Euphorbia cyparissias*

Blüte: *zartgelb, April bis Juni* **Höhe:** *20–30 cm*
Filigranes Laub kennzeichnet die Zypressen-Wolfsmilch im Frühling. Im Herbst schmücken die Pflanzen mit gelben Blättern. Doch die heimische Art besiedelt durch Ausläufer und Sämlinge allmählich immer größere Flächen. Mit robusten Partnern wie Katzenminze, Silber-Wermut und Wild-Tulpe entstehen malerische Bilder. Breitet sich die Art zu stark aus, müssen Sie die Rhizome der Pflanzen sorgfältig ausgraben. Wichtig: Beim Arbeiten mit Wolfsmilcharten wegen des giftigen Milchsafts stets Handschuhe tragen! Eine attraktive Sorte mit purpurfarbenem und im Herbst orangefarbenem Laub ist 'Fens Ruby'.

▷ Frühlings-Adonisröschen *Adonis vernalis*

Blüte: *goldgelb, März bis April* **Höhe:** *10–25 cm*
Das Adonisröschen ist ein Kleinod. Es öffnet seine gelben Blütensterne schon sehr früh im Jahr. Allerdings dauert es etwas, bis sich die heimische Art im Garten zur vollen Schönheit entwickelt, und sie muss dazu auch unbedrängt stehen. Starkwüchsige Nachbarpflanzen sollten Sie meiden, Unkraut frühzeitig entfernen und die Pflanzen wenn nötig mit Schneckenkorn vor Schnecken schützen. Stören Sie sie nicht durch unnötiges Graben oder Hacken. Schön ist die Kombination mit Küchenschelle, Silberdistel, Dost und schopfbildenden Gräsern wie Berg-Segge oder Blau-Schwingel .

▷ Zwerg-Schwertlilien *Iris* Pumila-Gruppe

Blüte: *violett, blau, lila, rosa, weiß, gelb, ocker, rotbraun, April bis Mai* **Höhe:** *15–30 cm*
Abwechslungsreich und vielgestaltig gibt sich das Sortiment der Zwerg-Schwertlilien. Die Pflanzen gleichen den Hohen Bart-Iris (→ Seite 96), bleiben jedoch niedriger und blühen etwas früher. Achten Sie beim Pflanzen von Schwertlilien darauf, dass die dickfleischigen Rhizome nach dem Angießen aus dem Erdreich spitzen. Im Kiesgarten sollten Sie die Pflanzen vornehmlich mit kleinwüchsigen Partnern kombinieren. Exklusive Bilder entstehen durch die Kombination mit Hornkraut, Teppich-Seifenkraut, Pfingstnelken und Kriechendem Schleierkraut.

◁ Armenischer Ehrenpreis *Veronica armena*

Blüte: *azurblau, April bis Mai* **Höhe:** *20–30 cm*
Verschwenderisch blühendes Highlight im Frühlingsgarten. Die Art bildet lockere Matten. Sie hat feine, nadelartige Blätter. Nach der Blüte schneiden Sie die Pflanzen um ein Drittel zurück. So bleiben sie kompakt. Im Kiesgarten ist kein Winterschutz nötig. Die tiefblauen Blüten wirken gut mit Wildtulpen, Hornkraut, Walzen-Wolfsmilch und Schleifenblumen. 'Rosea' erweitert die Farbpalette durch rosafarbenes Kolorit. Sehr hübsch ist *Veronica umbrosa* 'Georgian Blue', die etwas später und überaus lange blüht. Die spatelförmigen Blätter der Sorte sind oft purpurfarben getönt.

▷ Küchenschelle *Pulsatilla vulgaris*

Blüte: *violett, März bis April* **Höhe:** *20–30 cm*
Schon der filzig behaarte Austrieb der Pflanzen ist eine Augenweide, ebenso die großen Blütenglocken, die früh im Jahr erscheinen. Anschließend strecken sich die Stängel und bilden hübsche federartige Fruchtstände. Sie können die heimische Art gut im Naturgarten einsetzen. Hier sind Frühlings-Adonisröschen und Frühlings-Fingerkraut ansprechende Partner. In anderen Pflanzungen passen Traubenhyazinthen, Wild-Tulpen und Blau-Schwingel gut zur Küchenschelle. Achten Sie unbedingt darauf, dass die Pflanzen nicht bedrängt werden – dann macht die Art nur wenig Mühe.

Vorsommer- und Sommerblüher

◁ **Knollige Seidenpflanze** *Asclepias tuberosa*

Blüte: *orangefarben, Juni bis August* **Höhe:** *50–90 cm*
Die Art ist eine leucht- und farbkräftige Blütenschmuckpflanze, mit der Sie aufregende Kombinationen erzeugen können. Im Kiesgarten erweisen sich die aus Nordamerika stammenden Pflanzen als wenig pflegeaufwendig und ausdauernd, während sie auf schweren, nährstoffreichen Böden häufig kurzlebig sind. Die orangefarbenen Blütenschirme kontrastieren stark mit den violettblauen, aufstrebenden Blütentrauben des Sommer-Salbeis. Ebenfalls reizvolle Gartenbilder ergeben sich zusammen mit Edeldisteln, gelborange blühenden Igelkolben sowie mit Gräsern.

▷ **Knäuel-Glockenblume** *Campanula glomerata*

Blüte: *violettblau, Juni bis Juli* **Höhe:** *20–60 cm*
Die tief violettblauen Blüten stehen in dichten Knäueln am Ende der Stängel. Die heimische Art passt gut in den natürlichen Kiesgarten. An zusagenden Stellen dehnt sie sich durch Ausläufer aus und bildet Sämlinge. Will man das vermeiden, schneidet man die Blütenstände nach der Blüte ab. Prägnante Farbkontraste entstehen mit gelben Partnern wie Ochsenauge oder Zwerg-Alant, harmonische Bilder mit purpurfarbenen Stauden wie Spornblume, Rosa Flockenblume und Karthäuser-Nelke. Empfehlenswerte Sorten: die tief violettblaue 'Superba' und die weiß blühende 'Schneekrone'. Nur 15 cm hoch wird 'Acaulis'.

◁ **Karthäuser-Nelke** *Dianthus carthusianorum*

Blüte: *kardinalrot, Juni bis August* **Höhe:** *30–40 cm*
Eine apart und lange blühende heimische Art. Über lockerrasigen Rosetten bildet sie hoch aufragende Blütenstiele. Oft sät sich die Karthäuser-Nelke im Kiesgarten aus. Doch Sie brauchen nur dort lenkend einzugreifen, wo die Pflanzen sehr massiv auftreten. Beim Jäten entfernen Sie dann überzählige Sämlinge. Schön wirkt es, wenn Sie einzelne Karthäuser-Nelken locker zwischen anderen Pflanzen verteilen. Über niederen Partnern wie Thymian, Feder-Nelke, Gipskraut und Blau-Schwingel bilden die Nelken dann zu ihrer Blütezeit einen duftigen Schleier.

◁ Weißfilzige Flockenblume *Centaurea hypoleuca* 'John Coutts'

Blüte: *rosa, Juni bis September* **Höhe:** *40–70 cm*
Diese Flockenblume bildet wochenlang über ihren dichten Laubschöpfen kräftig rosafarbene Blütenköpfe. Die Pflanze bildet allmählich größere Horste. Vor aufwendigeren Pflegemaßnahmen brauchen Sie sich nicht zu fürchten. Es genügt, wenn Sie die Pflanzen am Winterende zurückschneiden. Sie können die Art mit hohen Bart-Iris, Spornblumen, Kugeldisteln und Knäuel-Glockenblumen kombinieren. Die Schöne Flockenblume *(Centaurea bella)* macht ihrem Namen alle Ehre. Sie schmückt mit silbergrauem Fiederlaub und zartrosa Blüten.

▷ Schwert-Alant *Inula ensifolia*

Blüte: *goldgelb, Juli bis August* **Höhe:** *30–40 cm*
Die Art schmückt sich mit leuchtkräftigen, margeritenartigen Blüten. Ihren Namen trägt sie wegen der schmalen, schwertförmigen Blätter. Die anpassungsfähige Staude können Sie gut zu Hain-Salbei, Katzenminzen oder Kugeldisteln pflanzen. Daraus resultieren prägnante, weithin sichtbare Farbkontraste. Lebendige Bilder ergeben sich mit Orientalischem Lampenputzergras und Riesen-Federgras. Etwas früher blüht der Rauhaarige Alant *(Inula hirta)*. Er eignet sich ebenso für den Kiesgarten. Außer dem Rückschnitt zum Ausgang des Winters fallen bei beiden Arten keine größeren Pflegearbeiten an.

◁ Prärie-Igelkopf *Echinacea pallida*

Blüte: *hellrosa, Juli bis September* **Höhe:** *70–110 cm*
Reich und lang blühende Staude, die sich im Kiesgarten als viel langlebiger erweist als auf lehmigen Böden. Auf geeigneten Standorten keimen Sämlinge der Art. Lästig werden diese jedoch kaum. Durch die nach unten hängenden Zungenblüten entwickeln die Pflanzen ihren eigenen Charme. Die Blüten locken zahlreiche Schmetterlinge und Insekten an. Ihre helle Blütenfarbe lässt sich mit vielen anderen Stauden kombinieren. Die braunschwarzen Fruchtstände zieren über den ganzen Winter hinweg. Sie geben der Pflanze ihren Namen Igelkopf. Die Sorte 'Hula Dancer' blüht fast weiß und wirkt sehr elegant.

Vorsommer- und Sommerblüher

◁ Purpur-Witwenblume *Knautia macedonica*

Blüte: *kräftig purpurfarben, Juli bis August* **Höhe:** *40–80 cm*
Aparter Hochsommerblüher mit auffälligen tief bordeauxroten Blüten. Die knopfartigen Blütenstände auf den drahtigen Stielen scheinen über den Blatthorsten zu schweben. Mit Prachtkerzen entstehen pointillistische Bilder. Weitere gute Partner sind Quirlblättriger Salbei, Duftnessel, Bergminze und Orientalisches Lampenputzergras. Zur Pflege reicht ein Rückschnitt im Spätherbst oder zeitigen Frühjahr. Eine kompakte Sorte ist 'Mars Midget'. Anstelle der im Balkan beheimateten Pflanze können Sie im Naturgarten auf die heimische Acker-Witwenblume *(Knautia arvensis)* zurückgreifen. Sie blüht lila.

▷ Gelber Lein *Linum flavum*

Blüte: *goldgelb, Mai bis Juli* **Höhe:** *40–50 cm*
Auffälliger Sommerblüher, der in heimischen Trockenrasen vorkommt. Die ausdauernde Art lässt sich gut in Naturgärten verwenden, überzeugt jedoch ebenso in andersartigen Pflanzungen. Im Garten erfordert der Gelbe Lein nur wenig Pflege. Es ist ausreichend, wenn Sie die Pflanzen alljährlich am Ende des Winters zurückschneiden. Eine ausgezeichnete Sorte ist 'Compactum'. Sie wird nur 20 cm hoch. Art und Sorte bilden prägnante Farbkontraste mit dem nahe verwandten Ausdauernden Lein. Eine prächtige Ergänzung dazu sind gelbe und hellblaue Bart-Iris sowie Graslilien.

◁ Großblütige Katzenminze
Nepeta grandiflora 'Dawn to Dusk'

Blüte: *rosa, Juni bis Juli* **Höhe:** *60–100 cm*
Die Kombination zartrosafarbener Lippenblüten mit kräftig purpurfarbenen Kelchen hebt diese Sorte aus der Masse der blauvioletten Katzenminzen heraus. Man schneidet die Pflanze nach der Blüte vollständig zurück. Sie wirkt schön mit Dost, Fetthenne und Silber-Wermut. Wüchsige Sorten, die sich mitunter stark versamen, sind 'Blue Danube' mit dichten, purpurvioletten Blütenständen und 'Bramdean' mit großen, kräftig violettblauen Blütenrispen. Wollen Sie Sämlinge vermeiden, pflanzen Sie Sorten aus der Faassenii-Gruppe. Ganz hervorragend ist 'Walker's Low'. Sie blüht kräftig violett, lange und überreich.

◁ Französische Königskerze *Verbascum chaixii* 'Album'

Blüte: *weiß, Juli bis August* **Höhe:** *90–140 cm*
Auffällige Erscheinung mit weißen Blüten. Die tief purpurfarbenen Staubblätter bilden einen schönen Kontrast zu den hellen Blütenblättern. Die großen herz- bis zungenförmigen Blätter sind stumpf dunkelgrün. Die meist kurzlebige Staude sät sich im Garten oft aus. Passende Nachbarn sind Silber-Wermut, Prachtkerze und Purpur-Witwenblume. Ein solches Ensemble kann durch die Purpur-Königskerze *(Verbascum phoeniceum)* komplettiert werden. Diese meist nur 60–80 cm hohe Art trägt violettrosafarbene Blütenkerzen mit unterschiedlichen Schattierungen. Die zierliche Art passt auch in kleinere Gartenareale.

▷ Zottiges Fingerkraut
Potentilla crantzii 'Goldrausch'

Blüte: *goldgelb, Mai bis August* **Höhe:** *10–15 cm*
Die Sorte hat leuchtkräftige Blüten und handförmig geteilte Blätter. Im Kiesgarten sind Fingerkräuter gute Begleiter von blau blühenden Ochsenzungen oder Knäuel-Glockenblumen. Auch Graslilien und Blau-Schwingel passen dazu. Das Hohe Garten-Fingerkraut (*Potentilla recta* 'Warrenii') wird 30–40 cm hoch. Schon früh im Jahr blüht das niedrige Frühlings-Fingerkraut *(Potentilla neumanniana)*. Auf kalkarmen Standorten ist das Gold-Fingerkraut *(Potentilla aurea)* eine gute Alternative. Bei allen brauchen Sie zum Ende des Winters nur die alten Blätter von den Horsten zu entfernen.

◁ Großer Ehrenpreis *Veronica austriaca* subsp. *teucrium*

Blüte: *enzianblau, Mai bis Juli* **Höhe:** *20–30 cm*
Farbintensive Blütenstaude, die lockere, aufrechte Horste bildet. Schneidet man die abgeblühten Stängel ab, blühen die Pflanzen etwas nach. Ansonsten reicht es, die Pflanzen im späten Herbst bis auf den Boden zurückzuschneiden. Die heimische Art bildet im Naturgarten zusammen mit Graslilien, Sonnenröschen, Gold-Fingerkraut und Federgräsern schöne Aspekte. 'Knallblau' blüht leuchtend enzianblau. 'Shirley Blue' hat etwas hellere Blüten. Das strahlende Blau der Sorten untermalen wirkungsvoll Diptam, Netzblatt-Pfingstrosen und Spornblumen.

Spätsommer- und Herbstblüher

▷ Goldhaar-Aster *Galatella* (syn. *Aster*) *linosyris*

Blüte: *gelb, August bis September* **Höhe:** *40–50 cm*
Goldhaar-Astern passen sowohl in naturnahe als auch in andersartig gestaltete Kiesgärten. Die Art ist ein verlässlicher und unkomplizierter Spätsommerblüher mit duftigem Laub. Auf zusagenden Standorten sorgt sie durch Sämlingsbildung für reichlich Nachkommen. Breitet sich die Goldhaar-Aster zu stark aus, schneiden Sie abgeblühte Blütenstände frühzeitig ab und jäten überzählige Sämlinge. Prägnante Kontraste ergeben sich mit Berg-Astern, der Kompakten Ödland-Aster oder Spanischem Mannstreu. Perlgras und Silberährengras erweitern die Kombination und runden sie zu einem stimmigen Bild ab.

◁ Kompakte Ödland-Aster

Galatella (syn. *Aster*) *sedifolius* 'Nanus'

Blüte: *lila, August bis September* **Höhe:** *20–30 cm*
Eine niedrige, vieltriebige und sehr kompakt wachsende Staude. Zur Pflege reicht es, die Pflanzen im späten Winter kurz über dem Boden abzuschneiden. Ausgezeichnete Begleiter sind Silberährengras oder Federgras. Wenn Sie die Aster mit kleinwüchsigen Schmetterlingssträuchern, Dost und Bergminze kombinieren, locken Sie zahlreiche Schmetterlinge an. Die ebenfalls sehr dauerhafte Pyrenäen-Aster (*G. pyrenaeus* 'Lutetia') blüht blass violettrosa, ist lockerer aufgebaut und wird etwa 60–70 cm hoch.

▷ Berg-Aster *Aster amellus*

Blüte: *lila, violett, rosa, weiß, August bis September* **Höhe:** *30–80 cm*
Von der heimischen Berg-Aster gibt es viele Sorten in kühlen Farben. Bewährt sind 'Veilchenkönigin' mit dunkel blauvioletten, 'Rosa Erfüllung' mit rosafarbenen Blüten sowie 'Glücksfund' mit hellem Lilablau. Die Sorten sind großblumiger als die Art und verlangen einen nährstoffreicheren Boden. Am besten pflanzt man Berg-Astern im Frühjahr. Pflanzt man im Herbst, wachsen die Pflanzen oft nicht mehr gut an und erfrieren. Um Sämlingsbildung zu verhindern, schneidet man die Pflanzen nach der Blüte kurz über dem Boden ab. Schön in Kombination mit Hoher Fetthenne, Bergminze und Silberährengras oder Prärie-Bartgras.

▷ Hohe Fetthenne *Hylotelephium* (syn. *Sedum*) 'Herbstfreude'

Blüte: *rostrot, September bis Oktober* **Höhe:** *40–70 cm*
Die Sorte ist ein Klassiker unter den Stauden. Sie wächst zuverlässig, ist gesund und sieht das ganze Jahr über attraktiv aus. Im Herbst erscheinen große Blütenschirme, die den Winter über sehr standfest bleiben und fantastisch wirken. Sie sollten die Pflanzen deswegen erst nach der Schneeschmelze zurückschneiden. Zuverlässig und apart ist die Sorte 'Matrona'. Sie zeigt purpurbraun getöntes Laub. Noch dunkler präsentiert sich 'Purple Emperor'. Bei ihr gesellen sich rosarote Blüten zum nahezu schwarzroten Laub. Alle Formen passen hervorragend zu Berg-Astern, Edeldisteln und Orientalischem Lampenputzergras.

◁ Gewöhnlicher Dost *Origanum vulgare*

Blüte: *altrosafarben, Juli bis September*
Höhe: *30–40 cm*
Heimische Pflanze, die viele Insekten und Schmetterlinge anlockt. Die aromatische Art, die auch als Wilder Majoran bezeichnet wird, ist eine bekannte Gewürzpflanze. Ansehnliche Aspekte ergeben sich, wenn Sie den Dost mit Blaurauten, Berg-Astern, Kugeldisteln und Perlgras oder Lampenputzergras kombinieren. Im zeitigen Frühjahr schneiden Sie die Pflanzen zurück. Nur wenn die Art zu viele Sämlinge bildet, sollte man die Horste schon am Ende ihres Flors abschneiden. Eine gute, niedrige Sorte ist 'Compactum'. *Origanum laevigatum* 'Herrenhausen' wird 50–60 cm hoch und hat kräftiger gefärbte Blüten.

▷ Thüringer Strauchpappel *Lavatera thuringiaca*

Blüte: *zartrosa, Juli bis Oktober* **Höhe:** *100–150 cm*
Mit ihren großen Malvenblüten schmückt die heimische Art den ganzen Sommer über. Sie lässt sich im Naturgarten ebenso einsetzen wie in anders gestalteten Kiesgärten. Allerdings dauert es oft zwei bis drei Jahre, bis sich die Pflanzen zu ihrer vollen Schönheit entwickeln. Doch das Warten lohnt sich. Gleichgültig, ob Sie die Strauchpappel mit filigranen Gräsern, Blaurauten oder Prachtkerzen kombinieren, nur selten werden die Bilder enttäuschen. Noch eindrucksvoller sind Hybriden wie *Lavatera* 'Barnsley' oder 'Burgundy Wine'. Im Gegensatz zur heimischen Art gedeihen diese jedoch nur in milden Regionen.

Auch für das Umfeld von Gehölzen

◁ **Ochsenauge** *Buphthalmum salicifolium*

Blüte: *gelb, Juni bis August* **Höhe:** *40–50 cm*
Leuchtend gelbe Margeritenblüten und schmale, glänzend grasgrüne Blätter kennzeichnen diese heimische Staude. Sie fasziniert durch eine lange Blütezeit. In einem naturnahen Kiesgarten findet sie mit Graslilien, Knäuel-Glockenblume und Wald-Windröschen attraktive Blühpartner, mit denen das Ochsenauge gemeinsam in der Natur vorkommt. Da die Art an sonnigen Waldsäumen wächst, können Sie das Ochsenauge gut im Umfeld von Gehölzen pflanzen. So lässt sich ein nahtloser Übergang aus dem Kiesgarten zu angrenzenden Sträuchern schaffen.

▷ **Wald-Windröschen** *Anemone sylvestris*

Blüte: *weiß, Mai bis Juni* **Höhe:** *20–30 cm*
Reizvoll durch den Kontrast der strahlend weißen Schalenblüten und dunkelgrünen Blätter. Eine Zugabe sind die flauschig fedrigen Fruchtstände. Trotz seines Namens fühlt sich die heimische Art im sonnigen Kiesgarten wohl. Mit Graslilien, Ochsenauge, Knäuel-Glockenblume und Karthäuser-Nelke entstehen naturhafte Bilder. Da das Wald-Windröschen noch im Umfeld von Gehölzen gut gedeiht, können Sie mit ihm im Kiesgarten Bäume und Sträucher unterpflanzen. Ebenso lässt sich mit der attraktiven Art der Übergang in andere Gartenbereiche

◁ **Stauden-Bleiwurz, Hornnarbe**
Ceratostigma plumbaginoides

Blüte: *enzianblau, September bis Oktober* **Höhe:** *15–25 cm*
Gefällige Staude, die mit brillanten Herbstfarben beeindruckt. Schon zur Blütezeit verfärben sich die Blätter rot. Zusammen mit den enzianblauen Blüten entstehen zauberhafte Bilder. Später steigert sich die Herbstfärbung zu flammenden Rot- und Orangetönungen. Es hat sich bewährt, die Pflanzen kleinflächig zu verwenden. Da die Stauden-Bleiwurz erst spät austreibt, sollten Sie die Teppiche stets mit Kleinblumenzwiebeln bestücken. Apollo-Zwerghyazinthe (*Puschkinia scilloides* var. *libanotica*) und robuste Krokusse (*Crocus tommasinianus*) halten dem Konkurrenzdruck stand und sorgen schon vor dem Austrieb der Bleiwurz für fröhliche Frühlingsbilder.

◁ Syrisches Brandkraut *Phlomis russeliana*

Blüte: *gelb, Juni bis August* **Höhe:** *60–80 cm*
Ganzjährig ansehnliche Staude. Die herzförmigen Blätter bilden dichte, bodennahe Teppiche. Diese bleiben über Winter grün. Im Sommer erheben sich straffe Stängel weit über die Blattteppiche. Die hellgelben Lippenblüten stehen in Quirlen, die in Etagen angeordnet sind. Die Fruchtstände wirken den ganzen Winter über. Die konkurrenzstarke Staude breitet sich durch Ausläufer stetig aus. Sie wächst noch gut im Umfeld von Gehölzen. Setzen Sie jedoch keine schwachwüchsigen Nachbarn neben sie. Großblütige Katzenminzen, Blauraute, Heiligenkraut und Atlas-Schwingel sind gute Partner.

▷ Blut-Storchschnabel *Geranium sanguineum*

Blüte: *magenta, Mai bis Juni* **Höhe:** *30–50 cm*
Bezaubernde heimische Art, die Sie sowohl im naturnahen als auch im gestylten Kiesgarten einsetzen können. Überaus wüchsig präsentiert sich die 40 cm hohe Sorte 'Elsbeth'. 'Compactum' wird nur 25 cm hoch. Beide präsentieren dunkel purpurrosafarbene Blüten. Die Varietät *striatum* (→ Abb.) wartet mit schönen hellrosafarbenen Blüten auf. Ein strahlendes Weiß bringt 'Album', die im Gegensatz zu vielen anderen Formen keine Sämlinge bildet. Im Herbst färbt sich das Laub der hell blühenden Sorten gelb, das der dunkel blühenden feurig rot. Überzählige Sämlinge sollten Sie entfernen.

◁ Kaukasus-Storchschnabel *Geranium renardii*

Blüte: *weiß mit Violett, Mai bis Juni* **Höhe:** *20–30 cm*
Hübsche Blüten- und Blattschmuckstaude mit stumpf graugrünem Laub. Die Blätter wirken krepppapierartig. Die weißen Blütenblätter sind von kräftig violetten Adern durchzogen. Die wüchsigen Pflanzen werden allmählich breiter, ohne jedoch jemals lästig zu werden. Im Kiesgarten ist dieser Storchschnabel vielfältig zu kombinieren. Heiligenkraut, Bart-Iris, Steppen-Wolfsmilch, Blut-Storchschnabel und Atlas-Schwingel sind nur einige attraktive Partner. 'Terre Franche' blüht blauviolett. Die schöne, 40 cm hohe Hybride sollte nicht zu trocken stehen.

Gräser – Leichtigkeit und Eleganz

Gräser werden nicht durch Insekten bestäubt, sondern durch den Wind. Er transportiert die Pollen oft über weite Strecken von einer Pflanze zur anderen und sichert so das Fortbestehen der Art. Kein Wunder also, dass die eleganten Gestalten oft weit aufgerichtete Blütenhalme mit lockeren Rispen oder Ähren entwickeln, die der leiseste Windhauch hin- und herwiegt. Ihre Blütenstände sind zurückhaltend gefärbt. Es ist ja nicht nötig, Insekten durch bunte Farben anzulocken.

Umkomplizierte Partner

Im Garten können Sie die sanften Beige-, Grau- und Grüntöne leicht mit anderen Pflanzen kombinieren, ohne Disharmonien zu befürchten. Wenn sich die Halme nach der Blüte strohfarben präsentieren, unterstreicht dies den Jahreslauf. Zeiten der Reife und der Ernte sind oft von warmen Gelb- und Ockertönungen geprägt.

Ziergräser faszinieren durch das Spiel ihrer Halme und die Linien, die sie mit ihren schmalen, langen Bättern zeichnen. Oft formen sie schopfartige Horste. Es sind dynamisch wirkende Gestalten, die hervorragend zwischen verschiedenartigen Nachbarn vermitteln. Damit das Formenspiel der Gräser sichtbar bleibt, pflanzen Sie am besten einzelne Exemplare zwischen niedrige Partner. Um ein stimmiges Gesamtbild zu erzielen, ist es gut, wenn Sie beherrschende Varianten in unregelmäßigen Abständen an mehreren Stellen des Gartens verwenden.

Für den Kiesgarten empfehlenswerte Gräser fallen oft durch extrem schmale Blätter auf. Das liegt daran, dass die meisten Arten aus Trockenregionen stammen oder auf durchlässigen Böden wachsen, die kaum Wasser speichern. Um nicht unnötig Wasser zu verdunsten, haben die gut angepassten Formen kleine Blattoberflächen. Oft sind die Blätter zusammengerollt und bläulich bereift. Das gibt vielen Arten einen unverwechselbaren Charakter. Die dünne Wachsschicht ist ein zusätzlicher Schutz vor Wasserverlust. Der größte Teil der Pflanzen – ihr Wurzelwerk – versteckt sich im Boden. Nur nach dem Pflanzen ist es nötig, zu wässern. Einmal angewachsen und etabliert, brauchen Sie die trockenheitsverträglichen Gräser nicht mehr zu gießen. Sie sind pflegeleicht und meist genügt es, wenn Sie die Gräser am Ende des Winters knapp über dem Boden abschneiden. Tun Sie dies nicht schon im Herbst, denn die Faszination vieler Gräser bleibt den ganzen Winter über ein Erlebnis.

Grazile Blattschönheiten

▷ Blauer Strandhafer *Ammophila breviligulata*

Blüte: *unscheinbar, Juli bis September* **Höhe:** *90–110 cm*
Der Blaue Strandhafer ist eine horstartig wachsende Art, die im Kiesgarten niemals lästig wird. Sie benötigt lockeren Boden. Die stahlblauen Blätter entwickeln eine hohe Strahlkraft. Die Fruchtstände sind gelblich-grün. Die ganze Eleganz des Grases wird deutlich, wenn die langen Blätter im Wind geschmeidig hin- und herwiegen. Im Winter vergilben sie, sind aber immer noch ansehnlich, sodass Sie das Gras am besten erst Ende Februar abschneiden. Schöne Kombinationen ergeben sich mit Blauraute, Salbei, Steppen-Wolfsmilch und Gold-Garben.

◁ Prärie-Bartgras *Schizachyrium scoparium* 'Cairo'

Blüte: *unauffällig, August bis September* **Höhe:** *60–90*
Ein vor allem im Herbst und Winter sehr attraktives Gras. Die Sorte wächst horstartig. Sie bildet aufstrebende Stängel mit graugrünen, schräg nach oben gerichteten Blättern. Im Herbst färben sich die Blattspreiten orange bis ocker, die Stängel kupferbraun. Die Pflanzen bleiben den Winter über gut standfest. Die bräunlichen Horste wirken dann vor allem im Pulverschnee und unter Raureif ansprechend. Die Art treibt spät aus, sodass Sie sich mit dem Rückschnitt im Frühjahr nicht allzu sehr beeilen müssen. Reizvolle Bilder ergeben sich mit Igelkolben, Königskerzen und Hoher Fetthenne.

▷ Berg-Segge *Carex montana*

Blüte: *gelb, März bis Mai* **Höhe:** *20–30 cm*
Die heimische Art bildet schopfartige Horste. Sie treibt früh aus. Schon bald nach der Schneeschmelze erscheinen die unscheinbaren, gelben Blütenähren. Über den gesamten Sommer wartet die Berg-Segge mit schmalen, frischgrünen Blättern auf. Attraktiv ist die orangegelbe Herbstfärbung. Das alte Laub sollten Sie im Frühjahr rechtzeitig vor dem Neuaustrieb auskämmen. Die Art passt gut in naturnahe Kiesgärten. Dort wächst sie noch gut im Umfeld von Gehölzen. Wenn Sie die Art mit Küchenschellen, Adonisröschen, Knäuel-Glockenblumen und Braunelle kombinieren, entstehen natürliche, ansprechende Bilder.

Grazile Blattschönheiten

◁ Atlas-Schwingel *Festuca mairei*

Blüte: *graugrün, Juni bis Juli* **Höhe:** *50–60/100 cm*
Ein Evergreen unter den Staudengräsern. Die aus dem Atlas-Gebirge stammende Art fällt durch formschöne Horste und ein elegantes Spiel der Blätter und Blütenhalme ins Auge. Ihre Blattspreiten sind stumpf graugrün gefärbt. Im Herbst vergilben die Blätter und sind dann pergamentartig getönt. Schneiden Sie die Pflanzen am besten erst am Ende des Winters zurück, auch wenn die Art gelegentlich Sämlinge bildet. Wo die Nachkömmlinge stören, jäten Sie diese. Am schönsten präsentieren sich die Horste, wenn sie sich aus dem Umfeld niederer Begleiter wie Woll-Ziest, Katzenminze oder Teppich-Nachtkerze erheben.

▷ Purpur-Liebesgras *Eragrostis spectabilis*

Blüte: *bronze- bis kupferrot, August bis Oktober*
Höhe: *40–60 cm*
Eine einprägsame Blattschönheit mit bezauberndem Blütenschmuck. Das Gras bildet dichte Horste aus hell graugrünen Blättern. Bisweilen sind die Blattspitzen im Herbst orange- bis braunrot getönt. Die feingliedrigen Rispen mit den schleierartigen Blüten schweben über den Blattschöpfen. Verwenden Sie die genügsamen Pflanzen nur an kalkarmen Standorten. Schön mit der Großen Fetthenne, Hain-Salbei und Weinraute. Etwas höher und weniger farbintensiv ist das Bogen-Liebesgras *(Eragrostis curvula)*. Es braucht im Sommer etwas mehr Wasser, will aber im Winter trocken stehen.

◁ Magellan-Blaugras

Elymus magellanicus (syn. *Agropyron magellanicus)*

Blüte: *unscheinbar grünlich-gelb, Juni bis Juli* **Höhe:** *40–50 cm*
Dieses aus dem südlichen Südamerika stammende Gras wird Sie mit seinen metallisch blau schimmernden Blättern begeistern. Die auffällige Färbung bleibt bis weit in den Winter hinein erhalten. Die Art bildet lockere, halbkugelförmige Horste. Da das Gras keine Ausläufer bildet, können Sie es gut in kleineren Gartenpartien einsetzen. Im Kiesgarten kontrastieren die eleganten, stahlblauen Blattspreiten sehr gut mit dunklem Gesteinsmaterial. Obgleich die Art in wintermilden Regionen wintergrün ist und das Auskämmen verbräunter Blattspreiten ausreicht, ist es am einfachsten, wenn Sie die Pflanzen Anfang März vollständig zurückschneiden.

◁ **Blaustrahlhafer** *Helictotrichon sempervirens*

Blüte: *silbrig grau, Juli bis September* **Höhe:** *40/120 cm*
Dieses Gras vereint elegante, weit über die Horste ragende Blütenrispen mit metallisch blauen Blättern und zeichnet so schwungvolle Linien im Garten. Nach der Blüte färben sich die Halme strohgelb. Wenn Sie mehr Wert auf die blauen Blattschöpfe legen, schneiden Sie die Halme einfach ab. Ansonsten reicht es, wenn Sie die wintergrünen Pflanzen im zeitigen Frühjahr komplett zurückschneiden. Schön und gesund ist die Sorte 'Saphirsprudel'. Das Gras wirkt am besten, wenn es aus dem Umfeld niederer Partnerpflanzen ragt. Reichblühendes Fettblatt, Woll-Ziest, Hornkraut und Teppich-Nachtkerze sind deshalb passende Begleiter.

▷ **Blaue Rutenhirse** *Panicum virgatum* 'Prairie Sky'

Blüte: *blaugrün, August bis Oktober* **Höhe:** *100–150 cm*
Ein hochwüchsiges und farbintensives Präriegras, das nur in langen Trockenperioden zusätzliche Wassergaben verlangt. 'Prairie Sky' fällt durch metallisch blau schimmernde Blätter ins Auge. Die aufrecht wachsende und sehr standfeste Sorte treibt spät aus. Im Spätsommer und Herbst zeigt sie filigrane, feingliedrige Blütenrispen. Im Oktober verfärben sich Halme und Blätter stroh- bis sandgelb. Die Sorte bleibt den ganzen Winter über ansehnlich. Im zeitigen Frühjahr schneiden Sie das Gras vollständig zurück. Passende Nachbarn sind Orangefarbener Igelkopf, Berg-Astern und Thüringer Strauchpappel.

◁ **Blau-Schwingel** *Festuca glauca*

Blüte: *aschgrau, Juni bis Juli* **Höhe:** *15–25/40 cm*
Das wintergrüne Gras bildet halbkugelförmige Horste, die bei den besten Sorten auffällig stahlblau getönt sind. Nach der Blüte sollten Sie die Blütenrispen abschneiden, damit die Blattschöpfe besser zur Geltung kommen. Entfernen Sie im Frühjahr braune Blätter oder schneiden Sie die Horste komplett zurück. Beschränken Sie sich möglichst auf eine Sorte. Die Pflanzen bilden dann keine minderwertigen Sämlinge mit oft fahl grüngrauen Blättern. Besonders intensiv getönt sind 'Elijah Blue', 'Frühlingsblau' und 'Meerblau'. Sie sind attraktive Begleiter des Zwergigen Silber-Beifußes, von Katzenminzen und Perlpfötchen.

Anmutige Blüten- und Fruchtstände

▷ Moskitogras *Bouteloua gracilis*

Blüte: *beige bis rotbraun, Juli bis September* **Höhe:** *20/40 cm*
Ein außergewöhnliches nordamerikanisches Präriegras mit bizarren Blütenständen. Die in der Form Erbsenhülsen gleichenden Blütenstände stehen waagerecht von den Halmen ab. Die Schöpfe aus matt grasgrünen Blättern sehen oft etwas wirr aus. Trotzdem wäre es falsch, die Pflanzen schon im Herbst zurückzuschneiden. Die Fruchtstände wirken im winterlichen Garten überaus ansprechend. Am schönsten ist es, wenn die dann dunklen Ähren über einer Schneedecke zu schweben scheinen. Schöne Bilder ergeben sich mit Bergminze, Dost, Goldhaar-Aster, Zottigem Fingerkraut und Prachtkerzen.

◁ Wimper-Perlgras *Melica ciliata*

Blüte: *cremefarben, Mai bis Juni* **Höhe:** *30–50 cm*
Dieses heimische Gras gefällt wegen seiner vielen schlanken, walzenförmigen Ähren. Im Vorsommer sind die hellen Blütenstände nicht nur im Naturgarten ein wahrer Blickfang. Auf warmen, kalkhaltigen Standorten sät sich die Pflanze reichlich aus. Beim Jäten sollten Sie daher abwägen, an welchen Stellen die Pflanzen willkommen sind und wo sie besser entfernt werden. Mitunter hilft es, wenn Sie die Blütenstände schon vor der Fruchtbildung abschneiden. Traumhafte Kombinationen ergeben sich mit Lavendel, Blaurauten, Wohlriechender Eberraute, Polster-Seifenkraut und Spornblumen.

▷ Orientalisches Lampenputzergras *Pennisetum orientale*

Blüte: *beige mit rosa Hauch, Juni bis Oktober* **Höhe:** *30/45 cm*
Die walzenförmigen Ähren dieses bezaubernden Grases sind lange Zeit attraktiv. Die flauschigen Blütenstände sehen etwas wollig aus. Von Tautropfen benetzt, erinnern sie im Gegenlicht an funkelnde Diamanten. Die Blätter sind stumpf graugrün. Im Gegensatz zu dem etwas feuchtigkeitsbedürftigeren Australischen Lampenputzergras *(Pennisetum alopecuroides)* zeigt diese Art keine ansprechende Herbstfärbung. Außer einem bodennahen Rückschnitt Ende des Winters verlangt das Gras keine Pflege. Im Kiesgarten ergeben sich anmutige Bilder in Kombination mit Fetthennen, Dost, Edeldisteln und Purpur-Kugellauch.

▷ Riesen-Federgras *Stipa gigantea*

Blüte: *gelblich, Juli bis September* **Höhe:** *60/200 cm*
Imposant und doch grazil ist das Riesen-Federgras. Die stattlichen, stumpfgrünen Blattschöpfe werden von hoch aufstrebenden Blütenständen überragt. Die transparenten Rispen gleichen denen von Hafer. Ab Spätsommer präsentieren sich Halme und Rispen goldgelb. Sie bleiben über den Winter hinweg ansehnlich. Schneiden Sie die Pflanzen deshalb erst Ende Februar zurück. Die großen Gräser können helfen, flächige Pflanzungen zu gliedern. Setzen Sie daher keine anderen hochwüchsigen Partner neben die Horste. Gefällige Bilder ergeben sich mit Steppen-Wolfsmilch, Salbei, Lavendel und Thymian.

◁ Flausch-Federgras *Stipa pennata*

Blüte: *weiß, Juni bis Juli* **Höhe:** *30/60 cm*
Das Flausch-Federgras vereint Eleganz und Geschmeidigkeit. Über Schöpfen aus haarfeinen Blättern erscheinen im frühen Sommer schmale Blütenrispen. Die Spelzen tragen lange, fadenartige, silbrig- weiße Grannen. An warmen, trockenen Stellen entstehen Sämlinge, von denen Sie einige belassen sollten. Oft ergeben sich dadurch zauberhafte Gartenbilder. Ähnlich ist das Pracht-Federgras (*Stipa pulcherrima* f. *nudicostata*), das etwas später blüht. Das Mexikanische Federgras *(Nasella tenuissima)* hält die Grannen über lange Zeit. Seine Blütenstände wirken flauschig. Alle Federgräser passen gut zu Graslilien, Küchenschellen und Purpur-Kugellauch.

▷ Silberährengras

Stipa calamagrostis (syn. *Achnatherum calamagrostis*)

Blüte: *silbrigbeige, Juli bis September* **Höhe:** *50/90 cm*
Das früh austreibende Silberährengras bildet stattliche Horste. Im Juli erscheinen die beige gefärbten, silbrig glänzenden Rispen. Später verfärben sich Halme und Fruchtwedel bräunlich, was dem Gras auch den treffenden Namen Kamelhaargras eingebracht hat. Gelegentlich tauchen Sämlinge auf, die Sie entfernen oder an passende Stellen verpflanzen sollten. Den Rückschnitt führen Sie am besten im Februar durch. Berücksichtigen Sie, dass das Gras viel Platz beansprucht. Eine etwas kompakter wachsende und besonders standfeste Sorte ist 'Lemperg'. Sie passt gut zu Hoher Fetthenne, Hain-Salbei und Dost.

Bunte Zwiebel- und Knollenpflanzen

Es ist kaum zu glauben, welch große Blüten und Blätter sich aus kleinen Zwiebeln entwickeln können. Überhaupt sind Zwiebel- und Knollenpflanzen faszinierende Gewächse. Sie sind besonders gut an widrige Bedingungen ihres Naturstandorts angepasst. Für die aus südlichen oder kontinentalen Regionen stammenden Arten des Kiesgartens heißt das, dass sie sommerliche Hitze und Trockenheit überstehen, indem sie ihre oberirdischen Pflanzenteile aufgeben und geschützt im Boden überdauern. Die Feuchtigkeit des Winters und die angenehmen Temperaturen des Frühlings nutzen sie, um Blätter zu bilden und verschwenderisch zu blühen. Sie begeistern uns mit einer großen Farbvielfalt und oft leuchtendem Kolorit. In der Natur bilden sie in der Regel größere Bestände. Ahmen Sie dies nach und setzen Sie Zwiebel- und Knollenpflanzen in Ihrem Kiesgarten in größeren Mengen ein. Denn als Einzelpflanzen wirken nur wenige hochwüchsige Arten ansprechend. Am geeigneten Standort bilden viele Formen durch Brutzwiebelbildung oder Aussaat ohnehin kleinere Bestände. Die Pflanzung ist häufig nur der Start einer nicht genau planbaren, oft jedoch reizvollen Entwicklung. Dazu ist es unbedingt nötig, dass Sie das Laub der Pflanzen ungestört einziehen lassen. Schneiden Sie vergilbendes Laub also nicht zu früh ab. Die Pflanzen brauchen die Reservestoffe aus den Blättern, um im nächsten Jahr wieder reich zu blühen. Um unansehnliches Laub zu verdecken, platzieren Sie Zwiebel- und Knollenpflanzen zwischen Halbsträuchern und Stauden. Die Gabe eines mineralischen Düngers zu Beginn des Austriebs hilft, die Entwicklung der Pflanzen zusätzlich zu fördern.

Richtig pflanzen

Im Herbst bieten Fachhandel und gut sortierte Gartencenter eine große Auswahl frühlingsblühender Arten. Pflanzen Sie möglichst bald nach dem Kauf. Man legt die Zwiebeln und Knollen dreimal so tief in den Boden, wie sie groß sind. Verteilen Sie die Zwiebeln locker auf den Flächen, so entsteht ein natürliches Bild. Viele Staudengärtnereien und Gartencenter bieten blühende Zwiebel- und Knollenpflanzen im Topf an. Der Vorteil: Sie können die bunten Blüher im Frühling und Vorsommer pflanzen, sehen gleich, wie sie wirken, und können eventuell korrigieren. Setzen Sie sie so, dass das Substrat des Topfs etwa 1–2 cm mit Erdreich bedeckt ist. Herbstblühende Arten kommen im Frühjahr in den Boden, oder Sie setzen Pflanzen aus Töpfen im Herbst ein.

Höherwüchsige Arten

▷ Purpurkugel-Lauch *Allium sphaerocephalon*

Blüte: *weinrot, Juni bis Juli* **Höhe:** *40–70 cm*
Die breit kegelförmigen Blütenstände stehen auf dünnen Stielen. Die schmalen, grasgrünen Blätter ziehen bereits vor der Blütezeit ein. Pflanzen Sie stets mehrere Knollen in unregelmäßigen Abständen. Verspielt wirken Kombinationen mit Flausch-Federgras, Orientalischem Lampenputzergras, Schleierkraut, Prachtkerzen und Edeldisteln. Sämlinge stören nur selten. Gut eignet sich auch der Blauzungen-Lauch *(Allium karataviense)*. Die nur 20 cm hohe Art blüht bereits ab Ende April mit silbrig-weißen Blütenkugeln. Ihre blaugrünen, zungenförmigen Blätter bleiben oft bis in den Sommer attraktiv.

◁ Persischer Lauch *Allium aflatunense*

Blüte: *purpurviolett, Mai bis Juni* **Höhe:** *70–90 cm*
Formschöne Kugeln auf straffen Stielen kennzeichnen diesen Lauch. ‘Purple Sensation’ blüht kräftiger purpurviolett. Wie bei vielen Lauch-Arten, vergilben die riemenförmigen Blätter bereits zur Blütezeit. Damit die Blätter dann nicht zu sehr auffallen, sollten Sie die Knollen zwischen Stauden und Halbsträucher pflanzen. Im Kiesgarten bildet der Persische Lauch mitunter viele Sämlinge. Wo ausreichend Platz ist, können Sie diese belassen. Ansonsten sollten Sie sie frühzeitig jäten. Ebenfalls sehr schön ist der 50 cm hohe Sternkugel-Lauch *(Allium christophii)* mit riesigen, lockeren, silbrig rosalila Blütenkugeln.

▷ Große Steppenkerze *Eremurus robustus*

Blüte: *weiß, Juni bis Juli* **Höhe:** *200–250 cm*
Sie ist ein Gigant unter den Knollengewächsen und bildet kräftige, aufrechte Stängel mit lang gestreckten Blütenkerzen. Die Blütenknospen sind zunächst blass lachsrosa, die sternförmigen Blüten weiß gefärbt. Pflanzen Sie die leicht brechenden Knollen 30 cm tief und betten Sie sie behutsam auf Sand. Die riemenförmigen Blätter vergilben bereits zur Blütezeit. Ein Ensemble niederer und mittelhoher Partner in der Nachbarschaft vermag die Blätter dann zu verdecken. Katzenminzen, Hain-Salbei, Silber-Wermut und Knollige Seidenpflanzen eignen sich dazu. Die Himalaja-Steppenkerze *(Eremurus himalaicus)* blüht reinweiß und wird ungefähr 150 cm hoch.

Höherwüchsige Arten

▷ Schmalblättrige Steppenkerze *Eremurus stenophyllus*

Blüte: *zitronengelb, Juni bis Juli* **Höhe:** *80–110 cm*
Die Art schmückt mit leuchtkräftigen Blütenkerzen. Sie eignet sich wegen ihrer geringen Wuchshöhe auch für kleinere Gärten. Pflanzen Sie sie in größeren Abständen über die ganze Pflanzfläche verteilt. Nach der Blütezeit schneiden Sie die Blütenstände ab. Die Pflanzen blühen im nächsten Jahr besser, wenn sie die zur Fruchtbildung nötige Energie sparen. Es tut den Pflanzen zudem gut, wenn Sie sie beim Austrieb düngen. Besonders schön wirken die zitronengelben Blüten im Kontrast zu Blau. Katzenminze, Spanische Edeldistel und Lein sind gute Partner.

◁ Mehrblütige Wild-Tulpe *Tulipa turkestanica*

Blüte: *weiß mit Gelb, März bis April* **Höhe:** *20–30 cm*
Zierliche Art mit mehreren kleinen Blüten pro Stängel. Die weißen Blüten tragen in der Mitte einen sattgelben Fleck. Gesellen Sie keine starkwüchsigen Partner zu der Art. Am besten entwickeln sich die Pflanzen, wenn der Platz neben den Zwiebeln offen bleibt oder allenfalls mit schwach wachsendem Mauerpfeffer, Armenischem Ehrenpreis oder spät austreibenden Berg-Astern bepflanzt wird. Die zarten Tulpen bilden dann bald kleine Kolonien. Ein Kleinod ist die ebenfalls mehrblütige Zwerg-Tulpe (*Tulipa humilis* 'Liliput'). Sie wird nur 10 cm hoch und begeistert mit intensiv purpurroten Blüten.

▷ Persische Kaiserkrone *Fritillaria persica*

Blüte: *pflaumenblau, Mai* **Höhe:** *60–90 cm*
Eine sehr aparte Erscheinung mit aufrechten Stängeln, die dicht mit nickenden Blütenglocken besetzt sind. Wegen der Blütenfarbe ist die Art etwas Besonderes im Garten. Pflanzen Sie sie an einen warmen, sommertrockenen Platz. In regenreicheren Gebieten entwickelt sich die Persische Kaiserkrone gut, wenn man sie vor einen Wacholder setzt. Düngen Sie die Pflanzen beim Austrieb mit einem drei bis vier Monate wirkenden Langzeitdünger und lassen Sie sie ungestört wachsen und einziehen. Gute Partner sind Küchenschelle, Graslilien und schwachwüchsige Gräser wie Blau-Schwingel oder Berg-Segge.

▷ Gewöhnliche Siegwurz *Gladiolus communis*

Blüte: *purpurrosa, Juni bis Juli* **Höhe:** *40–80 cm*
Diese wilde Gladiole ist eine dekorative Knollenpflanze mit schwertförmigem Laub und lang gestreckten, locker mit trichterförmigen Blüten besetzten Trauben. Anders als viele Zuchtformen übersteht die Art den Winter im Freien. In rauen Lagen setzt man sie an geschützte Standorte – etwa vor eine Südwand. Am besten legen Sie die Knollen etwa 10 cm tief in die Erde und schützen sie im Jahr der Pflanzung mit trockenem Laub vor starkem Frost. Fühlen sich die Pflanzen wohl, bilden sie allmählich kleine Bestände. Diese wirken schön mit Graslilien, Wald-Windröschen, Kaukasus-Storchschnabel und Federgräsern.

◁ Geweih-Schwertlilie *Iris bucharica*

Blüte: *gelb mit Weiß, April bis Mai* **Höhe:** *30–40 cm*
Schon im zeitigen Frühjahr überrascht uns die Geweih-Schwertlilie mit ihren weiß und sattgelb gefärben Blüten. Riemenförmige, hellgrüne Blätter umfassen die Stängel. Da diese Iris im Sommer und Herbst sehr trocken stehen will, ist es gut, wenn Sie die Zwiebeln vor Wacholder oder kleine Kiefern pflanzen. Die Gehölze entziehen dem Boden viel Wasser, sodass die Zwiebeln nicht unter zu großer Feuchtigkeit leiden. Attraktive Partner sind Traubenhyazinthen und Küchenschellen. Gräser wie das Perlgras und der Blaustrahlhafer ergänzen dieses Ensemble in schöner Weise.

▷ Izmir-Tulpe *Tulipa orphanidea*

Blüte: *orangerot, April bis Mai* **Höhe:** *20–40 cm*
Diese Wild-Tulpe schmückt sich mit leuchtenden orangefarbenen Blüten. Im Inneren weisen die Blütenbecher einen dunklen Fleck auf. Im Kiesgarten wachsen Wild-Tulpen willig. Sie sollten ungestört ihr Laub einziehen können. Die Tulpen brauchen also fast keine Pflege, wollen aber möglichst nicht von starkwüchsigen Nachbarn bedrängt werden. Eine weitere schöne Wild-Tulpe mit glockenförmigen, zinnoberroten Blüten ist die Scharlach-Tulpe *(Tulipa eichleri)*. Sie blüht Ende April und gehört mit einer Höhe von 40 cm mit zu den attraktivsten Wildtulpen im Garten. Beide Arten bilden an zusagenden Standorten durch Brutzwiebeln kleine Bestände.

Niedere Kolonienbildner

◁ Kronen-Anemone *Anemone coronaria*

Blüte: *scharlachrot, weiß, blau, violett, März bis Mai* **Höhe:** *10–25 cm*

Farbprächtige Knollenpflanzen in unterschiedlichen Tönungen. Bei mildem Wetter öffnen die wärmeliebenden Pflanzen ihre schalenförmigen Blüten bereits früh im Jahr. Schön ist auch das frischgrüne Laub. Die Blätter entfalten sich erst nach der Blüte vollständig. Im Garten pflanzen Sie die Kronen-Anemonen am besten an geschützten Standorten. Vor Südwänden und Gehölzen erweist sie sich oft als winterhart und bildet allmählich kleine Bestände. Am besten lassen Sie die Pflanzen völlig in Ruhe. Sie wollen auch nicht durch stark wachsende Nachbarn gestört werden. Gute Partner sind Traubenhyazinthen.

▷ Gold-Lauch *Allium moly*

Blüte: *gelb, Mai bis Juni* **Höhe:** *20–30 cm*

Allein wegen der gelben, in halbkugelförmigen Dolden stehenden Blüten ist der Gold-Lauch außergewöhnlich. Die Art bringt einen Schopf blaugrüner, breitlanzettlicher Blätter hervor und bildet durch Brutzwiebeln und Aussaat bald größere Bestände. Da das Laub nach der Blüte vergilbt und die Art keine höheren Nachbarn mag, sehen die Pflanzen kurze Zeit lang wenig attraktiv aus. Die Art weiß noch im Zwielicht von Sträuchern zu gefallen, übersteht Nässeperioden und hält große Trockenheit aus. Das verbindet sie mit dem Schnittlauch *(Allium schoenoprasum)*, der mit violetten Blütenköpfen auch im Kiesgarten überzeugt.

◁ Gold-Krokus *Crocus flavus*

Blüte: *tiefgelb, Februar bis April* **Höhe:** *10 cm*

Die leuchtend gelben Blüten dieser Art wirken noch über große Distanz. Dieser Krokus breitet sich durch Brutzwiebeln sowie Aussaat aus und besiedelt größere Areale. Dies ist jedoch unproblematisch, da er wenig Blattmasse bildet und schon im Vorsommer wieder verschwindet. Wer weniger stark vermehrende Krokusse bevorzugt, greift auf die Sorten des Bunten Krokus *(Crocus chrysanthus)* zurück. 'Snowbunting' blüht weiß, 'Cream Beauty' cremefarben mit gelber Mitte. Eine Überraschung ist der lila blühende Herbst-Krokus *(Crocus speciosus)*. Und eine Augenweide sind Krokusblüten, die aus Teppichen von Thymian oder Mauerpfeffer ragen.

◁ Netz-Iris *Iris reticulata*

Blüte: *violett, Februar bis April* **Höhe:** *20 cm*
Zwiebel-Iris sind fast ein Muss für den Kiesgarten. Die äußeren Blütenblätter weisen oft aparte und kontrastreiche Zeichnungen auf. Auf dunklem Violett finden sich lebhafte gelborange Flecken. Die schmallinealischen Blätter strecken sich erst nach der Blütezeit und können gut 30 cm lang werden. Die Blätter sollten ungestört einziehen können. Im Kiesgarten bilden die Netz-Iris durch Brutzwiebeln allmählich kleine Kolonien, wenn sie nicht durch starkwüchsige Konkurrenten bedrängt werden. 'Harmony' blüht dunkelblau, 'Cantab' hellblau, 'Pauline' purpurviolett. An warmen Stellen ist die gelb blühende März-Iris *(Iris danfordiae)* einen Versuch wert.

▷ Armenische Traubenhyazinthe *Muscari armeniacum*

Blüte: *blau, März bis April* **Höhe:** *15–20 cm*
Die Art präsentiert dunkelblaue Blüten, die in dichten kegelförmigen Trauben am Ende aufrechter Stiele sitzen. An warmen Tagen duften die geöffneten Blüten nach reifen Pflaumen. Die hübschen Pflanzen bilden durch Brutzwiebeln und Aussaat allmählich größere Bestände. Doch lästig werden sie dadurch eigentlich nie. Schöne Bilder ergeben sich mit Küchenschellen, Wildtulpen und Berg-Segge. Für den Naturgarten empfiehlt sich die etwas zierlichere heimische Kleine Traubenhyazinthe *(Muscari botryoides)*. 'Album' ist eine schöne weiß blühende Sorte.

◁ Dolden-Milchstern *Ornithogalum umbellatum*

Blüte: *weiß, Mai bis Juni* **Höhe:** *10–25 cm*
Relativ spät blühende Zwiebelpflanze mit lockeren weißen Blütendolden. Die Art bildet durch Brutzwiebeln und Aussaat größere Bestände und entwickelt sich noch im Umfeld einzelner Sträucher gut. Im Kiesgarten kann sie auf freien Stellen in Massen auftreten. Das vergilbende Laub ist dann nicht immer eine Zierde. Bei zu rasanter Ausbreitung sollten Sie die Pflanzen unmittelbar nach der Blüte vollständig zurückschneiden. So verhindern Sie eine weitere Versamung. Zwischen Balkan-Storchschnabel, Netzblatt-Pfingstrose und Diptam sehen die kleinen Blütenschleier jedoch sehr apart aus.

Bezugsquellen und weitere Informationen

Auf www.staudensichtung.de finden Sie die Ergebnisse des »Arbeitskreises Staudensichtung«. Die Bewertung der Sorten erleichtert die Auswahl aus der kaum überschaubaren Fülle von Stauden. Auf www.stauden-sterne.de stellt der Bund deutscher Staudengärtner die bestbewerten Sorten übersichtlich vor. Wer sich intensiver mit dem Thema Stauden beschäftigen will oder Kontakte zu anderen Liebhabern sucht, wendet sich an:

Bund deutscher Staudengärtner
im Zentralverband Gartenbau e.V.
(ZVG), Servatiusstr. 53
53175 Bonn
www.stauden.de

Gesellschaft der Staudenfreunde e.V.
Am Scheibenberg 6 A
79336 Herbolzheim
www.gds-staudenfreunde.de

Staudengärtnereien

Die nachfolgenden Staudengärtnereien sind nach Postleitzahlen sortiert und ohne Anspruch auf Vollständigkeit.

Staudengärtnerei Manig
Parkweg 19
04938 Uebigau
www.stauden-manig.de

Foerster-Stauden
Am Raubfang 6
14469 Potsdam-Bornim
www.foerster-stauden.de

Härlen Staudengärtnerei
Unter den Linden 100
21435 Stelle
www.haerlen-stauden.de

Staudenkulturen
Klingel + Luckhardt
Fliederweg 10
21789 Wingst
www.stauden-klingel-luckhardt.de

Pflanzenkulturen
Tolksdorf & Beckers
Heidkamp 12 a
24326 Kalübbe
www.biostauden-tb.de

Heischhof-Stauden Heischhof
24796 Krummwisch
www.heischhof-stauden.de

Bremermann Stauden
Neuenkruger Str. 5
26215 Gristede/Wiefelstede
www.bremermann-stauden.de

Staudengärtnerei Wichmann
Wallweg 1
26215 Wiefelstede
www.stauden-wichmann.de

Staudengärtnerei Mühring
Hauptstraße 167
26810 Westoverledingen
stauden-muehring.de

Pöppel-Stauden
Hauptstr. 95/An der B 51
28816 Stuhr-Seckenhausen
www.poeppel-stauden.de

Staudengärtnerei Eskuche
Am Söhnholz 17
29664 Ostenholz
www.stauden-eskuche.de

Staudengärtnerei Meyer´s Garten
Langenkampsweg 1
29690 Schwarmstedt-Grindau
www.meyers-garten.de

Lohhof-Stauden
Lohhof 28, 31600 Uchte
www.lohhof-stauden.de

Stauden Junge Seeangerweg 1
31787 Hameln
www.bluetenblatt.de

Staudenkulturen Wauschkuhn
Mühlenberg 7/Tiefe Wiesen 1
34346 Hann. Münden
www.staudenkulturen-wauschkuhn.de

Stauden Volkmann
Schillerstr. 34
35452 Heuchelheim
www.stauden-volkmann.de

Staudenkulturen Stade
Beckenstrang 24
46325 Borken-Marbeck
www.stauden-stade.de

Stauden Becker
Försterstraße 42
46539 Dinslaken
www.stauden-becker.de

Wildpflanzen-Gärtnerei Strickler
An der B271
55234 Kettenheim
www.gaertnerei-strickler.de

Staudengärtnerei Eidmann
Groß-Umstädter Str. 20
64823 Groß-Umstadt
www.staudengaertnerei-eidmann.de

Staudengärtnerei Kirschenlohr
In der Haingereut 3
67346 Speyer
www.stauden-kirschenlohr.de

Michael Moll
Leinfelder Str. 37/Aussiedlerhöfe
Bliensäcker
70771 Leinfelden-Echterdingen
www.mollstauden.de

Häussermann Stauden und Gehölze
Im Kornfeld 4
71696 Möglingen
www.haeussermann.com

Erika Jantzen
Sindelfinger Str. 85
72070 Tübingen
www.stauden-jantzen.de

Staudengärtnerei Schöllkopf
Gewand Heckwiesen
72770 Reutlingen-Betzingen
www.schoellkopf-immergruen.de

Staudengärtnerei Gräfin von
Zeppelin
Weinstr. 2
79295 Sulzburg-Laufen
www.graefin-von-zeppelin.de

Stauden Panitz
Am Frauenwald 1
84056 Rottenburg a. d. Laaber
www.stauden-panitz.de

Stauden Haid
Albert-Schweitzer-Str. 33
85049 Ingolstadt
www.stauden-haid.de

Staudengärtnerei Gaißmayer
Jungviehweide 3
89257 Illertissen
www.gaissmayer.de

Staudengärtnerei Augustin
Neunkirchener Str. 15
91090 Effeltrich
www.stauden-augustin.de

Staudengärtnerei Rainer Goldmann
Kreben 5
91452 Wilhermsdorf/LKr. Fürth
www.goldmann-stauden.de

Bamberger Staudengarten
Gundelsheimer Str. 80
96052 Bamberg
www.bamberger-staudengarten.de

Die Staudengärtnerei
Till Hoffmann & Fine Molz
Alte Iphöfer Str. 27
97348 Rödelsee
www.die-staudengaertnerei.de

Gärtnerei Klenart-Stauden
Stotternheimer Str. 16
99087 Erfurt
www.klenart-stauden.de

Staudengärtnerei Poltermann
Weimarische Str. 27f
99099 Erfurt
www.stauden-poltermann.de

Österreich
Sarastro Stauden
A-4974 Ort im Innkreis
www.sarastro-stauden.com

Schweiz
Eulenhof Staudengärtnerei
Schaufelgasse 34a
CH-4313 Möhlin
www.eulenhof-stauden.ch

Die Wildstaudengärtnerei AG
Neumühle 2 / Waldibrücke
CH-6274 Eschenbach
www.wildstauden.ch

Staudengärtnerei Roger Vogt
Wannenstr. 21
CH-8703 Erlenbach
www.vogtstauden.ch

Hauenstein AG
Landstr. 42 CH-8197 Rafz
www.hauenstein-rafz.ch

Blumenzwiebeln

Küpper Blumenzwiebeln und Saaten
Hessenring 22
37254 Eschwege
www.kuepper-bulbs.de

Albrecht Hoch Potsdamer Str. 40
14163 Berlin
www.albrechthoch.de

Fluwel Belkmerweg 20A
NL-1754 GB Burgerbrug
www.fluwel.de

Saatgut

Jelitto Staudensamen
Am Toggraben 3
29690 Schwarmstedt
www.jelitto.com

Rieger-Hofmann
In den Wildblumen 7
74572 Blaufelden-Raboldshausen
www.rieger-hofmann.de
(Saatgut heimischer Pflanzen)

Saatguttausch der Gesellschaft der Staudenfreunde e.V.
Informationen unter
www.gds-staudenfreunde.de

Register

Halbfett gesetzte Seitenzahlen verweisen auf Abbildungen.

GARTENLUST PUR.

ISBN 978-3-8338-8824-3

ISBN 978-3-8338-7128-3

ISBN 978-3-8338-6870-2

ISBN 978-3-8338-6242-7

ISBN 978-3-8338-5580-1

ISBN 978-3-8338-8966-0

e Auch als eBook erhältlich.

G|U

Mehr von GU auf **gu.de** | **gu.verlag** | **gu.verlag**

QUALITÄTS G|U GARANTIE

LIEBE LESERINNEN UND LESER,

wir wollen Ihnen mit diesem Buch Informationen und Anregungen geben, um Ihnen das Leben zu erleichtern oder Sie zu inspirieren, Neues auszuprobieren. Wir achten bei der Erstellung unserer Bücher auf Aktualität und stellen höchste Ansprüche an Inhalt und Gestaltung. Alle Anleitungen und Rezepte werden von unseren Autoren, jeweils Experten auf ihren Gebieten, gewissenhaft erstellt und von unseren Redakteur*innen mit größter Sorgfalt ausgewählt und geprüft.

Haben wir Ihre Erwartungen erfüllt? Sind Sie mit diesem Buch und seinen Inhalten zufrieden? Wir freuen uns auf Ihre Rückmeldung. Und wir freuen uns, wenn Sie diesen Titel weiterempfehlen, in Ihrem Freundeskreis oder bei Ihrem Online-Kauf.

Sollten wir Ihre Erwartungen so gar nicht erfüllt haben, tauschen wir Ihnen Ihr Buch jederzeit gegen ein gleichwertiges zum gleichen oder ähnlichen Thema um.

KONTAKT ZUM LESERSERVICE

GRÄFE UND UNZER VERLAG
Grillparzerstraße 12
81675 München

GRÄFE UND UNZER
Ein Unternehmen der GANSKE VERLAGSGRUPPE

Impressum

GU ist eine eingetragene Marke der GRÄFE UND UNZER VERLAG GmbH, www.gu.de

ISBN 978-3-8338-9048-2
4. Auflage 2024

Projektleitung: Dr. Michael Eppinger, Dr. Folko Kullmann (2. Ausgabe)
Lektorat: Barbara Kiesewetter
Bildredaktion: Caroline Davis, Natascha Klebl (Cover)
Layout: Marion Feldmann
Umschlaggestaltung: ki36, München
Produktion: Susanne Fuhrmann
Reproduktionen: Longo AG, Bozen
Druck: Firmengruppe APPL, aprinta druck, Wemding
Bindung: Conzella, Pfarrkirchen

Umwelthinweis: Nachhaltigkeit ist uns sehr wichtig. Der Rohstoff Papier ist in der Buchproduktion hierfür von entscheidender Bedeutung. Daher ist dieses Buch auf PEFC-zertifiziertem Papier gedruckt. PEFC garantiert, dass ökologische, soziale und ökonomische Aspekte in der Verarbeitungskette unabhängig überwacht werden und lückenlos nachvollziehbar sind.

Der Autor

Prof. Dr. Bernd Hertle vertritt seit 1996 das Fachgebiet Freilandzierpflanzen im Studiengang Gartenbau an der Hochschule Weihenstephan-Triesdorf. Er unterrichtet Stauden- und Gehölzkunde, Objektbegrünung sowie Gartengestaltung und war von 2006 bis 2022 Leiter der Weihenstephaner Gärten. Den Arbeitskreis Staudensichtung im Bund deutscher Staudengärtner leitet er bereits seit über 20 Jahren. Als Autor und Referent kann er auf eine Vielzahl von Fachpublikationen verweisen. Daneben hat er an mehreren Büchern, unter anderem an dem GU-Titel »Das große GU PraxisHandbuch Gartenblumen« mitgewirkt.

Bildnachweis

Cover: Marianne Majerus Garden Images: U1; GAP Photos/Clive Nichols/Design: Clive Nichols Location: Rickyard barn, Northants: U4-1; Marion Nickig: U4-2; Florapress/Visions: U4-3.
Alamy: 85-1, 92-3, 117-2; Blickwinkel: 86-3; Elke Borkowski: 58; Ursel Borstell: 28-1; Christa Brand: 17-2; Petra Ender: 72-1, 72-2, 72-3, 74; Florapress/Visions: 119-3; Flowerpictures Friedrich Strauß: 88; Focus: 127-1; Forschungsanstalt für Gartenbau Weihenstephan: 24, 122-3; GAP Photos: 8, 21, 48-49, 51, 69, 87-1, 87-3, 89-2, 99-2, 115-1, 116-3, 119-1, 128-3; Garden Picture Library: 42-43, 68; Garden World Images: 84-3, 110-2, 127-3, 128-2; Gartenarchiv: 81-1; Gartenfoto.at: 10-1; Bernd Hertle: 84-2, 85-3, 115-2; Modeste Herwig: 23; Anneliese Kompatscher: 91-1; Marianne Majerus Garden Images: 5-1, 5-2, 6-7, 9, 12, 13, 14-1, 18-19, 20, 22-1, 22-2, 27, 30, 33, 34-35, 36, 41-1, 54-1, 56-57, 59, 60-61, 65, 71-1, 75, 79, 126, 132; Mauritius Images: 11, 31, 44, 47, 50-1, 55, 64, 94, 98-1, 120-2; Naturbildportal: 093-2; Clive Nichols: 2-3, 10-2; Marion Nickig: 4-2, 15-2, 32, 46, 62-63, 81-3, 82-1, 82-2, 82-3, 83-1, 83-3, 86-1, 87-2, 89-1, 89-3, 90-1, 90-2, 90-3, 91-2, 91-3, 93-1, 93-3, 95-1, 95-2, 95-3, 96-2, 96-3, 97-1, 97-2, 97-3, 98-2, 98-3, 99-1, 100-1, 100-2, 100-3, 101-1, 101-2, 102-2, 103-1, 103-2, 103-3, 104-1, 104-2, 105-1, 105-2, 106-1,106-2, 106-3, 107-1, 107-2, 108-1, 108-2, 108-3, 109-1, 110-1, 110-3, 111-1, 111-2, 111-3, 112-1, 112-2, 112-3, 113-1, 113-2, 113-3, 114-1, 114-2, 114-3, 115-3, 116-1, 117-1, 117-3, 118-1, 118-2, 118-3, 119-2, 120-1, 120-3, 121-1, 121-2, 121-3, 122-1, 122-2, 123-2, 123-3, 124-2, 124-3, 125-1, 125-2, 125-3, 128-1, 129-1, 129-3, 130-1, 130-2, 131-1, 131-2, 131-3, 133-1, 133-2, 133-3, 134-1, 134-3, 135-1, 135-2, 135-3, 136-1, 136-2, 136-3, 137-1, 137-2, 137-3; Petra Pelz: 4-1, 26, 40, 41-2, 67-1; Picture Press: 102-3; Red Cover: 16-2; Wolfgang Redeleit: 66-1, 66-2, 67-2, 67-3, 70-1, 70-2, 70-3, 71-2, 71-3, 71-4; Hans Reinhard: 16-1, 124-1; Guido Sachse: 104-3; Olaf Schachtschneider: 84-1, 85-2; Thorsta Scherz/medienfabrik: 86-2; Jutta Schneider u. Michael Will: 45, 54-2; Staudengärtnerei Gaißmayer: 109-3, 127-2, 129-2; Stauden Ring: 105-3, 116-2; The Garden Collection: 15-1, 25, 28-2, 29, 52-53, 73, 76-77, 80, 83-2; Annette Timmermann: 14-2, 37, 38-39, 50-2, 78, 92-1, 92-2, 96-1, 99-3, 101-3, 102-1, 107-3, 109-2, 123-1, 130-3, 134-2; Eva Wunderlich: 17-1.
Pflanzenillustrationen: Claudia Lieb
Syndication: www.imageprofessionals.com

Dank

Der Verlag bedankt sich für die freundliche Unterstützung bei

Staudengärtnerei Gaissmayer
Jungviehweide 3
89257 Illertissen
www.gaissmayer.de

Stauden Ring GmbH
Im Drielaker Moor 33
26135 Oldenburg
www.staudenprofi.com